真説 関ヶ原合戦

桐野作人

学研M文庫

本書は文庫のための書き下ろし作品です。

図版———広研
写真———学研写真資料室

はじめに

　関ヶ原合戦はその意義や闘争形態において、明らかに従来の戦国大名同士の局地的な合戦とは異なっていたと思う。それは主と従の二側面を有しており、しかも互いに密接不可分の関係にあったと思う。

　主たる側面は、この合戦の全過程が豊臣政権の主導権をめぐる政治的・軍事的闘争として展開されたことであり、それゆえに「天下分け目」と呼ばれた。東軍・西軍の両派がともに豊臣「公儀」への奉公や「秀頼君御為」を大義名分として掲げたことがそれをよく示している。

　一方、従たる側面は、豊臣政権の成立以来、強大な中央権力によって抑圧されていた諸大名間の「私戦」が復活したことである。徳川家康が発動した会津出陣を契機に、全国の諸大名が領外に自らの軍勢を動員して移動できる自由を得たことにより、豊臣政権による天下一統の政治理念を反映した「惣無事」体制がほぼ無効となった。このことが諸大名の領土拡張欲を刺激し、しかも、むき出しの「私戦」ではなく、東西両

軍がそれぞれ標榜する「公儀」への「奉公」の手段として合理化された。この二つの側面の相互作用により、関ヶ原合戦の戦域は美濃国の一地域だけに限定されずに、北海道を除くわが国のほぼ全域に拡大された。そしてこの全国戦争の結果は、わが国の近世＝幕藩体制のあり方をも規定したといわれている。

いうまでもないが、このように格別の意義をもった合戦の全容を語るのは、力不足の筆者には手に余る仕事である。そのため、以前から関ヶ原合戦には人並み以上の関心を抱いていくつかものしてみたものの、これをある程度まとまった形にすることなど思いもつかなかった。

ところが、たまたま著者の小論に目を止めた学研第三編集部の太田雅男・小池徹郎の両氏から慫慂されたことにより、これまで興味を抱いていた出来事、通説に関する疑問、あまり知られていない史実などに絞って論じてみられないかと思った次第である。

アトランダムに挙げた論点は四〇項目以上にのぼったが、すべてを論じるのは到底不可能だったので、そのうちの二〇項目に絞り、時系列に沿って叙述することにした。論点はそれぞれ個別で部分的ではあるものの、全体を通してみれば、関ヶ原合戦の全容に少しでも迫れるものにしたつもりであるが、それは読者諸賢の読後感に委ねるしかない。

最後に、この本が誕生するきっかけを与えていただいた太田・小池の両氏、筆の遅い筆者にやきもきしながら尻を叩いていただいた忍足恵一氏に謝意を捧げたい。また執筆にあたってご教示や便宜を惜しまれなかった橋場明氏と森俊弘氏に厚くお礼申し上げます。

　七月大暑　関ヶ原合戦四〇〇年を目前にして

筆者識

目次

真説　関ヶ原合戦

第一部　太閤秀吉の死と豊臣政権の分裂

1. 関ヶ原合戦の原因は何か　16
2. 「五大老・五奉行」制はあったのか　24
3. 前田利家・利長父子は
　　家康と対立するつもりだったのか　37
4. 家康は最初から軍事対決を目論んでいたのか　47
5. 石田三成と直江兼続の密約はあったのか　57
6. 三成の挙兵戦略はどのようなものだったのか　70
7. 前田利長・利政は
　　東西のどちらにつくつもりだったのか　84

第二部　関ヶ原前哨戦
　　——小山評定から家康赤坂着陣——

1　家康はなぜ小山・江戸に長く留まったのか　100

2　徳川秀忠の中山道進軍の目的は何か　118

3　徳川軍の主力は家康勢か秀忠勢か　126

4　上杉景勝はなぜ南進せず、最上義光を攻めたのか　143

5　三成の東進策はなぜ実らなかったのか　155

6　岐阜城はなぜ簡単に落ちたのか　163

第三部　決戦関ヶ原
　　――西軍の関ヶ原転進から決戦まで――

1. 家康は大垣城の西軍とどう戦うつもりだったのか　174
2. 西軍の関ヶ原転進には秘策があったのか　185
3. 小早川秀秋はなぜ松尾山に陣取ったのか　193
4. 島津勢は日和見で戦わなかったのか　201
5. 井伊直政はなぜ「抜け駆け」したのか　216
6. 宇喜多勢は本当に精鋭だったのか　224
7. 「島津の退き口」はどのように行なわれたのか　232

【巻末付録】
――関ヶ原合戦 戦跡ガイド――

大垣市周辺 258

垂井町周辺 260

関ヶ原町周辺 264

東西両軍布陣図

- 北国街道
- 笹尾山 石田三成 (4000)
- 島左近 (1000)
- 豊臣麾下 (2000)
- 蒲生郷舎 (1000)
- 田中吉政 (3000)
- 筒井定次 (2850)
- 加藤嘉明 (3000)
- 細川忠興 (5000)
- 黒田長政 (5400)
- 島津義弘 (750)
- 島津豊久 (750)
- 天満山
- 小西行長 (4000)
- 古田重勝 (1200)
- 織田有楽 (450)
- 金森長近 (1140)
- 生駒一正 (1830)
- 宇喜多秀家 (17000)
- 桃配山
- 井伊直政 (3600)
- 松平忠吉 (3000)
- 寺沢広高 (2400)
- 本多忠勝 (500)
- 大谷吉継 (600)
- 大谷吉勝 木下頼継 (3500)
- 戸田重政 平塚為広 (900)
- 福島正則 (6000)
- 小早川秀秋 (15600) 松尾山
- 藤堂高虎 (2490)
- 京極高知 (3000)
- 赤座直保 (600)
- 小川祐忠 (2000)
- 脇坂安治 (1000)
- 朽木元綱 (600)

第一部 太閤秀吉の死と豊臣政権の分裂

1 関ヶ原合戦の原因は何か

朝鮮出兵での遺恨

慶長三年（一五九八）八月十八日、一代の英雄、豊臣秀吉が伏見城で死去した。享年六十二歳といわれる。

嫡子秀頼はまだ六歳と幼少だったので、主を失った豊臣政権はたちまち分裂の危機に見舞われた。その最大の要因となったのは、文禄・慶長の役と呼ばれた朝鮮侵略により、いわゆる豊家恩顧と呼ばれる譜代大名たちの間に深刻な亀裂と対立が生じていたことである。

秀吉は朝鮮に出征した諸大名を監視・監督させるために、石田三成、増田長盛、大谷吉継の三奉行を在陣奉行として渡海させ指揮をとらせた。また、三成の支配下で諸大名に対する軍目付となった福原長堯（三成妹婿）らも、諸大名の軍令違反や兵士の過

第一部　太閤秀吉の死と豊臣政権の分裂

怠などを厳しく取り締まって三成に報告した。

とりわけ問題になったのは、朝鮮半島の東北方、咸鏡道(ハムギョンド)に進出した加藤清正らの行動である。軍功をあせる清正は咸鏡道平定がうまく運んでいるかのような書状を送ってきたが、それが実情とは異なり、清正の敗北が明白だったので、三成や長盛らは清正の「越度(おつど)」（落ち度）は隠れなきことだと秀吉に報告した［北島万次一九九〇］。また三成や小西行長(ゆきなが)らが明(みん)国との講和交渉を進めているなかで、清正は朝鮮の領土割譲を強硬に主張し、講和交渉に水を差すように攻勢に出た。そのため、三成は講和交渉を妨害されたとして秀吉に訴えた。秀吉の激怒を買った清正は国内に召還され伏見に蟄居(ちっきょ)処分となった。清正が三成ら奉行衆に反発と憎悪(ぞうお)を抱いたのはいうまでもない。

在陣奉行の三成らは秀吉の命を奉じて、豊臣公儀の立場から峻厳な態度で臨んだと思われるが、前線の大名の受け止め方はそうではなかった。彼らにすれば、安全な後方で指図(さしず)している奉行たちに何がわかるかという思いが強かったようだ。

たとえば、関ヶ原合戦で毛利(もうり)勢を不戦中立に導いた吉川広家(きっかわひろいえ)も、三成ら在陣奉行の仕置(しおき)に不満をもっていた。広家の関ヶ原戦後の覚書(おぼえがき)によると、占領地域における在番(ざいばん)衆(しゅう)は二、三カ国の軍勢で一城を守るという決まりだったのに、広家はわずか八万石の

身上なのにもかかわらず、単独で東萊城（トンネ）を五年間も守らされたのは著しく不当だと訴えているほどだ［吉川家文書九一八号］。

このように、朝鮮半島での長滞陣と苦戦は前線の諸大名の厭戦気分を高めるとともに、その不平不満の矛先が出兵を強制した秀吉に対してではなく、その出頭人たる三成なら在陣奉行に向けられたのである。なかでも、加藤清正・福島正則・浅野幸長・黒田長政らがその急先鋒だった。

のちに東西両軍に分かれた両者は、武断派と吏僚派、尾張派と近江派という形で分類されることが多い。だが、こうしたタイプや肌合いの違いはあったとしても、決してそれだけでは説明がつかない。たとえば、尾張派とされる田中吉政や藤堂高虎の生国は三成と同じ近江であり、加藤嘉明は三河国の生まれ、黒田長政は播磨国生まれである。だから、両者の対立・抗争の原因は出身や武将のタイプの違いというよりも、あくまで朝鮮出兵における前線と後方、統制される側とする側という立場の違いに基因し、出頭人政治への反発という形で政治上の対立に発展したというべきである。

両派の間で深まるばかりの溝は、太閤秀吉の死去により重石がはずれると、一挙に加速され、豊臣政権の分裂の危機さえ生じた。

家康VS三成の対抗軸の形成

秀吉死後の豊臣政権の内部には、大きくいって、二つの矛盾・対立が重層的に孕まれていた。

ひとつはこれまでみたように、豊家を支えるはずの譜代大名たちの分裂である。それは朝鮮出兵の過程で生じた参陣諸大名たちの奉行衆に対する不満と敵意から引き起こされ、奉行衆の実質的な中心である三成など奉行衆を排除するか否かで分岐した。

そして、もうひとつは政権中枢で起きた徳川家康と他の五大老・五奉行との対立である。家康は豊臣「公儀」を独占しようとした。禄高二四〇万石とも二五五万石ともいわれて、豊臣政権中、最大の大名である家康が秀吉亡きあと、天下への野心を抱いたとしてもおかしくない。かつて、信長の死後、秀吉が織田政権を簒奪したように。

この二つの矛盾もはじめは別のものだった。しかし、彼らは三成を政権中枢から排除するのが奉行衆とくに三成に向けられていた。それ以降の政権ビジョンまで思い描いていたとは思えない。その意味では、彼らは従来の豊臣「公儀」体制を否定するつもりは毛頭なかったといえよう。

このように、ベクトルが異なる二つの矛盾を強引に結びつけたのは家康である。家康は福島正則ら豊家譜代衆の理解者であるように振る舞い、彼らの三成攻撃に暗黙の支持を与えることで、豊臣「公儀」の基盤を掘り崩す方向に政局を促進した。

それと同時に家康は、反三成派の福島正則・加藤清正・伊達政宗・蜂須賀至鎮らとの間に私婚を結び、自派閥の強化を図った。私婚は大閤遺命に背く重大な法度違反だった。これに対して、前田利家はじめ四大老と五奉行が結束して、家康の違背を追及したので、家康も一度は折れざるをえなかった。

だが、家康はすぐ巻き返しに出る。前田利家の死を確かめると、伏見城西ノ丸に入り、秀吉から委託された豊臣「公儀」の執政としての政治権力を堂々と行使する方向に転換した。

なお、伏見城の留守居は秀吉の遺命で奉行の前田玄以か長束正家のどちらかが担当する決まりになっていたが、家康は公然と太閤遺命を破ったのである。家康の伏見城入りについて、世情では「天下殿に成られ候」と噂されたほどである［多聞院日記・慶長四年閏三月十四日条］。

家康が採った手法は、自己利益を拡大するために「公儀」権力を恣意的に行使するものだった。この露骨な政略により、潜在的な敵対勢力となりそうな大名家を分断し

て力を弱めたり、あるいは新領給付、分国経営への援助、家督問題や家臣団統制への介入といった「御恩」を与えて、大名を自陣営に引きつける効果が期待できた。

たとえば、毛利輝元の養嗣子を辞退した秀元の知行地が一門や重臣の抵抗で定まらないことに対して、太閤遺命をもって、長門国など一八万石の分封を強制したことがある。また宇喜多家のお家騒動でも、主君秀家に異議申立の実力行使をした一門や譜代重臣が秀家のもとを退去すると、家康はその多くを庇護した。

島津家に対しても、朝鮮出兵における惟新入道義弘の戦功を賞して、異例の五万石を加増した。さらに三成と関係が深い老臣筆頭の伊集院幸侃を手討ちにした当主忠恒の行為を不問に付して帰国を許した。さらに幸侃の子忠真が挙兵した庄内の乱では鎮圧に手を焼く島津家をみて、講和を斡旋してこれを成就させた。

そのほか、細川忠興・堀尾吉晴・森忠政らにも数万石を加増することで恩恵を与えて、自陣営に誘致している。

これらの政略のすべてが成功したわけではないが、執政の地位を利用して実利をばらまく家康の多数派工作はかなりの成果を挙げたといえよう。

一方、三成はどうだったのか。三成は秀吉の死の直後から、家康を豊臣政権に対する最大の敵と見定めていた。この信念は他の大老や奉行衆より確固たるものがあった。

それゆえ、三成が秀吉死後の政局における一方の軸になるのも当然だった。

三成は二頭のもう一人、前田利家を押し立てて、家康の野心と権勢に対抗するという戦術を採った。これだと、三成に敵意をもつ譜代衆の動きをかなりの程度封じることができる。三成は秀吉の盟友で諸大名に人望の厚い利家を中心に多数派工作を進めたが、秀吉の死からわずか七カ月ほどで今度は利家が死去した。これは三成にとって大誤算だった。

利家という有力な対抗軸が失われると、親三成派と反三成派の力関係が一変した。重石が外れた福島正則ら三成嫌いの強硬派大名七人は、利家の死の直後、軍事行動に訴えて、三成を襲撃するという挙に出る。辛うじて難を逃れた三成は近江佐和山に退隠せざるをえなくなり、奉行の地位も失うことになった。三成の豊臣「公儀」での足場は失われたのである。

その代わりに、行動の自由を得た三成は本格的に家康打倒の戦略を練る。家康の専横を苦々しく感じていた大老の毛利輝元・宇喜多秀家・上杉景勝らを説得して同盟を結び、これに西国の外様大名を糾合して、家康を圧倒する陣営を築こうとした。三成は家康に次ぐ禄高を誇る毛利輝元を盟主に押し立て、自身は参謀的な組織者となった。

このようにして、家康VS三成という新たな対立軸が鮮明となった。三成の立場か

第一部 太閤秀吉の死と豊臣政権の分裂

らいえば、これは決して家康VS輝元ではなかった。なぜなら、秀吉が遺(のこ)した豊臣「公儀」体制を擁護(ようご)するか、それを占拠解体して別の「公儀」に再編成するか、いずれにせよ、その政治意図をもっとも強烈に自覚し、かつ体現しているのは、自分と家康しかいないという思いがあったからである。

それはまた、両派の対決が非和解的、非妥協的であることを意味した。だから、軍事的な決着に行きつかざるをえなくなる。これが天下分け目の関ヶ原合戦へと発展していくのである。

2 「五大老・五奉行」制はあったのか

「大老」「奉行」の用語への疑問

　秀吉の晩年に「五大老・五奉行」制が創設されたといわれ、歴史の教科書にもそのように書かれている。しかし、これは「制度」というほど明確なものではないし、その設置時期も特定できないうえに、権限・職掌の分担もあいまいである。人数にしても出入りがある。

　たとえば、文禄四年（一五九五）八月三日、諸大名や公家に対して布告された「御掟」と「御掟追加」の連署が五大老の始まりとされているが、このうち、「御掟追加」の署名者は小早川隆景・毛利輝元・前田利家・上杉景勝・宇喜多秀家・徳川家康の六人である。

　五奉行にしても、秀吉の死の直前の慶長三年（一五九八）八月には五人が特定され

第一部　太閤秀吉の死と豊臣政権の分裂

るものの、それ以前においては、五人がそろって連署した文書はほとんど存在しないので、五奉行の成立時期を特定するのは難しく、また常設的な役職であったかも不明である。

それにもまして不思議な点がある。これまで自明のことと思われていた「大老」と「奉行」の名称が誰を指すか、じつははっきり確定していないことである。どういうことかといえば、たとえば、当時の文書のなかで、「大老」は使用されていないし、石田三成は「年寄」あるいは「奉行」といわれており、一定していない。

この点について、たとえば、関ヶ原合戦における西軍の宣戦布告といえる『内府ちがひの条々』（七月十七日付）には「五人の御奉行・五人の年寄共、（中略）年寄共のうち弐人追ひ籠られ候事」とか「五人の奉行衆のうち、羽柴肥前守事」云々という表現がみられる。これからわかることは、失脚に追い込まれた二人の年寄とは浅野長政と石田三成のことであり、また羽柴肥前守は前田利長だから、利長は奉行衆の一人ということになる［徳川家康文書の研究中巻ほか］。

このように、従来の「五大老・五奉行」という通説に対して、「奉行（大老）」と「年寄（奉行）」の用語が逆転した関係にある事例が数多くみられることを指摘したのは阿部勝則氏である。阿部氏はむしろ「五奉行・五年寄」と呼ぶべきではないかと提案して

いる［阿部一九八九］。阿部氏によれば、徳川家康や前田利家らが「奉行」であり、石田三成や浅野長政らが「年寄」だったというのである。

阿部氏の説はまさにコロンブスの卵のような画期的な新説にみえたが、最近では反論も出ている。堀越祐一氏は阿部氏の新説に対して、従来の通説どおり、いわゆる五奉行を「奉行」とする史料が存在することを挙げている［堀越一九九九］。

たとえば、『豊臣秀吉遺言覚書案』には「奉行共五人のうち徳善院・長束大輔」両人は一番にして、残る三人のうち壱人宛て伏見城留守居候事」云々とあり、明らかに前田玄以や長束正家らを奉行としている［早稲田大学蔵資料影印叢書古文書集三］。

また徳川方にも同様の文書が存在する。野州小山に家康が在陣していた頃、老臣の榊原康政が秋田実季に宛てた書状（七月二十七日付）には「大坂よりお袋様並びに三人の奉行衆、北国羽肥州（前田利長）など、早々内府上洛致さるる、尤もの由申し来たり候」云々とあり、三人の奉行衆とは明らかに前田玄以・増田長盛・長束正家を指している［徳川家康文書の研究中巻］。

これらの事例から、阿部氏の所説が絶対とはいえなくなった。堀越氏は「秀吉死後、豊臣政権の中枢に位置し、かつ基本的に豊臣政権を保全しようとした者が『五大老』を『奉行』と呼んでいたのに対して、『五奉行』を『奉行』と呼んでいたのは、政権の

中枢にいない者、徳川家康、及びこの時期飛躍的に上昇していった家康の権威を認めこれに従う者」だと総括している［堀越前掲報告］。

要するに、対立する両陣営において、互いに相手を「奉行」と呼び合っていることになる。この事実は、奉行が主君の命を奉じるだけで決定権をもたない役職であるのを強調することで、対立する相手を自分より下位に位置づけようとする政治的な用語であることを示している。

つまり、当時においては、「奉行」が誰であるかは特定できないし、ましてや「大老」という言葉もないのである。かといって、これでは不便なので、便宜上、通説に従った「五大老・五奉行」という歴史用語を使用したい。

「二頭↔五奉行」体制

ところで、阿部氏の所説のなかにもうひとつ注目すべき一節がある。「二巨頭体制──徳川家康と前田利家──」というものだが、詳しい論及はないものの、秀吉死去の前後から、五大老・五奉行のなかで、家康と利家が格別の地位にあることに注意を喚起している。

この点で想起されるのは、文禄四年（一五九五）七月、関白秀次の改易事件である。

秀吉が自らの後継者を死に追いやったこの事件は、諸大名を動揺させ、秀吉の威信のみならず、豊臣政権の全国統治権をも揺るがせかねなかった。秀吉は求心力の低下を補強するために、大身の旧族大名（旧戦国大名）を政権中枢に取り込まざるをえなくなった。

同年七月、徳川家康・毛利輝元・小早川隆景の連署による起請文が提出された。その前書案で、三人は「御ひろい様」（秀頼）に対して「表裏別心」のないことと、「太閤様御法度・御置目」を守ることなどを誓っている。そして、重要なのが次の一項である［毛利家文書九五八号］。

坂東法度・置目・公事篇　順路憲法の上をもって、家康申し付くべく候、坂西の儀は、輝元并びに隆景申し付くべく候事。

つまり、関東の仕置は家康に、西国の仕置は輝元と隆景に委任するという内容なのである。秀吉は東の家康と西の毛利両川を通じて全国的な統治権を行使しようとしていた。徳川と毛利両川を豊臣政権の両翼に組み込むという体制が実際に機能したかどうかはこの際、別問題である。ここでは、両者が格別の地位にあったことと、諸大名

第一部　太閤秀吉の死と豊臣政権の分裂

にそのように認識させたことが重要なのである。
その証拠もある。いわゆる五～六人の「大老」が「御掟」「御掟追加」に連署したのは、この起請文の提出後であることである。すなわち、家康と毛利両川は「大老」のなかでも上位・先任であったことを示している［徳川家康文書の研究中巻同年八月二日、三日］。

ところで、豊臣「公儀」の最高意思を決定し執行する機構は「五大老・五奉行」制であるというのが通説である。だが、果たしてこれは実態を反映した用語なのであろうか。

そのことを検証する手がかりとなる史料がある。五奉行の一人だった浅野家に遺る『豊臣秀吉遺言覚書』というもので、名称どおり、秀吉が五大老・五奉行宛てに語ったと思われる遺命(のこ)を書き留めたものである。各条文が五大老と五奉行に宛てられている。なお、引用中、五大老は「御奉行五人」、五奉行は「年寄共五人」「おとな五人」などと呼ばれている［浅野家文書一〇七号］。

内容もさることながら、この覚書の構成が興味深い。全十一ヵ条であるが、それぞれの条目の宛て先が指定されている。そのメンバーと順番をみてみよう。

第一部　太閤秀吉の死と豊臣政権の分裂

第一条　徳川家康（秀頼の妻の祖父）
第二条　前田利家（秀頼の傅役）
第三条　徳川秀忠（秀頼の舅）
第四条　前田利長（秀頼の傅役）
第五条　宇喜多秀家
第六条　上杉景勝・毛利輝元
第七条　「年寄共五人」（＝五奉行）
第八条　「年寄為五人」（＝五奉行）
第九条　家康・利家の合意形成重視
（以下二ヵ条は略）

以上からいえる第一の特徴は、五大老といっても決して同格ではなく、第一条と第二条にあるように、秀吉は家康と利家の二人を格別の地位に置いていたことがわかる。いわば、家康と利家の二頭体制である。また第九条には「何たる儀も、内府・大納言殿へ御意を得、その次第相究め候へ」とあり、豊臣「公儀」の最高意思が家康と利家の合意形成に基づくことを強調している。

第二の特徴は、第一条から四条にあるように、家康父子と利家父子が特別に重要視されている点である。家康・秀忠父子は秀頼と姻戚（義理の祖父と舅）であること、利家・利長父子は秀頼の博役であることがそれぞれ強調されていて、両家が豊臣政権の両輪に位置づけられているのがわかる。とくに注目されるのは、秀忠と利長の二人が他の大老より前に置かれていることである。

第三の特徴は、家康・利家の二頭を五奉行（年寄共五人）が監視・牽制する機能をもっていることである。たとえば、家康と利家は秀吉の死去の前後、五奉行に二度にわたり、起請文を提出して、秀頼への忠誠と太閤遺命を厳守することを誓っている。

また家康と利家に宛てた遺言覚書二カ条には、それぞれに共通した文言がある。家康の条では「大納言殿（利家）・年寄衆五人（五奉行）居り申す所にて、（秀吉が）度々仰せ出され候事」云々とあり、利家の条では「内府（家康）・年寄五人居り申す所にて、（秀吉が）度々仰せ出され候事」云々とほぼ同文になっている。前後の文脈がないとわかりにくいが、二人がそれぞれ秀頼をおろそかにしないように、他の一人と五奉行が証人となるという内容である。これにより、家康と利家が互いに監視し合い、かつ二人を五奉行が監視する仕組みになっていることに気づく。

従来、秀吉の最晩年からその死後、豊臣「公儀」は「五大老」同士が並列的に扱わ

れ、「五大老↔五奉行」という形での政策決定・実務執行体制とされていたが、これは図式的な理解ではないだろうか。

その実態をみると、むしろ「家康↔利家」の二人を頂点にして補佐役の五奉行が加わる七人が、秀吉亡きあとの豊臣「公儀」を構成する中核メンバーとして想定されていたと思われる。

となれば、宇喜多秀家・上杉景勝・毛利輝元の三大老は豊臣「公儀」の補助的メンバーに留まると考えたほうがよい。

その証拠はいくつかある。まず景勝と輝元の二人は秀吉死後、在国していることが多いこともあって、いわゆる大老連署状にも名を連ねていない場合が多い事実である。これでは、「公儀」中枢メンバーとしての資格に欠けるといわねばならない。

また秀家についても、家康や利家と同列に置くのは無理がある。秀吉の秀家宛て遺言覚書に「御奉行（大老）五人にもお成り候へ、又おとな（奉行）五人の内へもお入り候」とあり、大老・奉行のどちらの役目を果たし、かつ「贔屓偏頗なしにお肝煎」と大老と奉行の間の調整役を期待されている。これは秀家の調停能力が買われたというより、若年で政治経験不足だから、大老と奉行の間にあってその仕事ぶりを勉強させる一種の〝見習い〟的な位置づけと思われる。

輝元についても同様である。中国一一二万石の太守ながら、叔父の小早川隆景の死後、大老としては先輩の二頭に劣るばかりか、奉行の三成にも頭が上がらなかった事実がある。輝元が秀吉の死の直後、四奉行（浅野長政を除く）に提出した起請文に対して、三成がこれを事前に添削・加筆している事実がある[毛利家文書九六二号]。ここに大老たる輝元と奉行衆きっての実力者三成との力関係がよく表れている。

では、「家康↔利家」という二頭体制の実態はどのようなものだったのだろうか。豊臣「公儀」が太閤秀吉の専権・独裁体制から、一種の合議制に移行したわけだが、その分、「公儀」としての一体性を維持する基盤がきわめて弱くなってしまった。意見の対立があれば、即、政権分裂に直結する可能性があるからである。

秀吉は自分の死後、おそらく家康が台頭するであろうことを予感し、秀頼の将来のために家康の専横を抑止する機能を豊臣「公儀」に埋め込んだ。それは家康ともう一人の有力大老の相互牽制であり、かつ二人と五奉行の相互牽制という装置だった。豊臣「公儀」は表面上の危うい合意体制の陰に、この二重の対抗関係が孕まれていたのである。

では、秀吉が秀頼後継を確固たるものにするために目論んだ「二頭↔五奉行」体制はうまく機能したのだろうか。結論からいえば、次々と誤算が生じて、次第に家康の

台頭を許すことになった。

慶長元年（一五九六）閏九月、小早川隆景が朝鮮出兵から帰国したのち体調を崩して事実上の隠居状態になったので、「家康↔毛利両川」体制は体をなさなくなった。秀吉は隆景の後見がない輝元の力量をあまり評価していなかった節がある。

輝元・隆景の代わりに白羽の矢が立ったのが前田利家だった。慶長元年五月、秀吉は家康を権大納言から内大臣に昇進させるのとほぼ同時に、利家も権中納言から権大納言へと昇進させた。利家はそれまで徳川秀忠や宇喜多秀家と同じ中納言だったから、これにより、「家康↔利家」が官位上も他の大老より抜きん出ることになった。

秀吉は死期を悟ってからも、この「家康↔利家」の二頭体制の存続こそが豊家安泰の担保だと信じたかったようである。その「遺言覚書」にも「何たる儀も、内府・大納言殿へ御意を得、その次第に相究め候へ」とある［浅野家文書一〇七号］。

しかし、その願いも空しく、秀吉の死からわずか八カ月後の慶長四年（一五九九）閏三月、利家も秀吉のあとを追うように没した。秀吉の最後の秘策は早くも目算が外れたのである。

利家の死去により、残る一頭である家康が専権を振るうようになった。この事態を説明するのに、家康が「五大老」の筆頭だったからとするのが常だが、むしろ「家康

↩利家〕体制の片翼がなくなってしまった当然の帰結といえないだろうか。

そして関ヶ原合戦である。石田三成には家康のように豊臣政権を乗っ取る野心など毛頭なかった。秀吉が秀頼を守るために遺した体制を存続させることこそが一義であり、その障害となる家康を排除するために武力による決着に訴えたのである。

一方、これを毛利輝元の立場からみると興味深い。輝元は二頭体制の一員としては秀吉の信任を得られなかったが、この機に乗じ、三成をはじめとする奉行衆の支援を得て、自らが主導しての二頭体制の再構築に乗り出したともいえる。輝元が西軍の総大将に祭り上げられながらも、家中の分裂により大坂城から動かなかったので、日和見主義(みきしゅぎ)とか優柔不断(ゆうじゅうふだん)と批判されることが多い。一面においては妥当な指摘だと思うが、もしかすると、輝元には三成と異なる思惑(おもわく)があったかもしれない。

すなわち、家康を葬(ほうむ)り去るよりも、三成らを利用して家康の排他的地位を低下させ、自らが優位に立った「輝元↩家康」体制を築ければよいというのが大坂城入りの目的だったのかもしれない。もしそうだとすると、家康打倒をめざす三成など西軍諸将との間に決して小さくない思惑の食い違いが生じていたことになり、ここに西軍の結束力が乱れた最大の要因が潜んでいたという見方ができるだろう。

③ 前田利家・利長父子は家康と対決するつもりだったのか

傅役利家の意地と限界

太閤秀吉が没したとき、徳川家康と唯一対抗できる人物と目されたのが前田利家だった。利家はあくまで秀吉の遺命に忠実であろうとした。事実、慶長四年（一五九九）正月十九日、家康が豊家譜代の大名たちと私婚を結んだとき、利家は他の大老や奉行と連携して、家康の横車を一度は阻止している。

その後、二月五日になって、家康と利家ら四大老・五奉行の間で誓詞(せいし)が交換されて、一応事態が収拾(しゅうしゅう)されたが、両者の和解には至らずにいた。その理由として、石田三成が利家に家康の野心を讒言(ざんげん)したといわれるが、利家自身も家康に不信の念を抱いていたものと思われる。

両者の不和を心配したのは姻戚の細川忠興である。忠興の嫡男忠隆(ちゃくなんただたか)は利家七女千世

を娶っていた。その関係から、忠興は前田利長を説いた。利長は家康と父利家の仲が悪ければ「秀頼様御為悪しき候」という理由から、家康を訪ねて和解を申し出たので、家康もそれを受け容れた［菅利家卿語話］。

これにより、両者の相互訪問が決まり、まず二月三十日、利家が折からの大病をおして、大坂から上り伏見の家康を表敬訪問した。このとき、利家が同行を願い出たが、利家がことのほか腹を立てたという。

右同書によれば、利家は「家康此度我等をきらぬは百に一、きるは必定、その時人数そろへ置き、そのまま出て弔合戦して勝利を得候はんか」と述べたという。利家は家康に斬られるのも覚悟の上で、もしそのようになれば、家康を討つ大義名分ができると、利長を論したというのである。そのため、利長は同道せず大坂で留守を守ることになった。

これは余命幾ばくとてない利家の最後の賭けにみえる。しかし、利家の心情を忠実に反映しているかといえば、疑問もある。というのは、このとき、利家には細川忠興のほか、加藤清正・浅野幸長が警固のために同道していた。もし家康が利家を殺害しようとすれば、彼らが黙っていないから、家康にそこまでの決断ができたとはとても思えない。

この二頭会談で何が話し合われたかはよくわからない。利家は自分の台所衆を家康邸の料理所に入れて毒味をさせたというから、かなり緊張感が漂っていたのはたしかである。

のちに三成を襲撃する武断派の七人衆などは反三成という点では一致していたものの、だからといって、この時点で必ずしも家康を全面的に支持していたとはいえないようである。

この第一次会談では、加藤清正・浅野幸長・細川忠興が利家の警固を買って出たが、ほかに加藤嘉明も利家に近かったようである。

一方、家康側に馳せ参じたのは、福島正則・黒田如水・同長政・池田輝政（てるまさ）・藤堂高虎・森忠政・有馬則頼（のりより）・織田有楽斎（うらくさい）などだった。

二度目の会談では、三成・行長らによる襲撃の噂が流れたので、家康の警固のために諸大名が駆けつけた。このうち、加藤清正・福島正則・浅野幸長・細川忠興・黒田長政・藤堂高虎らは家康との密談に招かれたが、加藤嘉明（かくしん）・池田輝政・黒田長政・藤堂高虎らは遠ざけられて、「毎日来たり共（ども）、利家に睦（むつ）き故（ゆえ）、ご隔心にやありけん、表に謁（えっ）せられる」という状態だった［安民記］。

つまり、反三成の豊家譜代衆といっても、家康に対する態度では温度差があったの

である。これが最終的に家康陣営に統一されることになったのは、利家の死後である。

つまり、加藤清正・浅野幸長らは家康に屈伏したともいえよう。

三月八日、今度は家康が伏見から大坂の利家邸を訪れ、病中の利家を見舞った。折から石田三成や小西行長らが家康を襲撃するという風聞が立ったので、家康は用心のために藤堂高虎の乗物を使ったほどである。

すでに死期を悟っていた利家はもはや家康と事を構える気力がなく、嫡男利長の前途を家康に依頼するしかなかった。二人の対面を前田家側の『加賀藩史料』では次のように記している。

「はや是が暇乞、死にまする、肥前（利長）事頼み申し候」［陳善録］

［肥前守利長の御事、お互に如在なく申し分ご契約在りて］［関屋政春古兵談］

［瑞龍公（利長）へお目を掛けられ下され候へ、（中略）ご縁者に成られ候へとご落涙にて仰せ］［新山田畊書］

まさに秀吉の大往生を彷彿とさせるような弱々しい状態だった。

ところが、これとは対照的な異説もある。家康が病気見舞いで来訪するのを好機とみて、利家はひそかに家康暗殺を謀っていたというのだ。

『利家公夜話首書』によれば、利家が利長に「家康が入来したら、どうすればよいか

心得ているか」と尋ねると、利長は「今朝から馳走の支度を命じておきました」と返答した。この場はそれで終わったが、家康が帰ったあと、利家が布団の下から抜き身の太刀を出して利長に見せ、「おまえに心得ているかと尋ねたのは、もし器量が備わった返答をすれば、即座に家康をこの刀で只今刺し殺したものを。おまえは天下を手に立つ者ではない」と嘆息したという。

利家が最後の好機をとらえて家康を葬ろうと考えていたとすれば、まことに興味深いが、にわかには信じがたい。『石川縣史』も「毫も信を措くこと能はず」と否定している。

いうまでもなく、利家は秀吉に寄り添う形で前田家を大身の大名に押し上げてきた。しかも、秀頼の傅役という立場にありながら、利家の天下人としての器量を云々するのは、自らの処世を省みて自己否定に等しい。

むしろ、利家は家康の存在が豊家にとって危険であるか否かの判断を停止して、利長の将来と自家の保存を優先させたというのが、家康との二度にわたる会談の結末ではなかったのか。

その意味で、利家亡きあとの利長が一貫して家康と対決姿勢をとっていないのも、父の既定方針を継承したとみるべきであろう。

両雄の二度目の会談からしばらくして、家康が利家を訪問している。家康がその旨を利家に報告した書状(三月十九日付)には「先日は肥前守殿(利長)お出で候、心静かに本望を申し承り存じ候」とある[徳川家康文書の研究中巻]。

家康は余裕綽々である。すでに利長を懐柔したという思いがあったのであろう。利家はやはり家康に敗北したのである。

利長の屈服——「三頭」体制の解体

慶長四年(一五九九)閏三月三日、利家が死去した。その死とともに、前田家中には小さくない亀裂が走った。

翌日の四日、利家の老臣だった徳山五兵衛(則秀)が出奔して、家康の庇護をうけた。五兵衛はもと柴田勝家の家老格で、賤ヶ岳の戦いののち、利家の寄騎となっていた。前田家の記録『備忘録』によれば、出奔の理由は家康への内通である。五兵衛は家康に娘を差し出して、利家父子の密談を家康にひそかに注進していたという[加賀藩史料第一編]。

またわずか一週間後の閏三月十日には、老臣の片山伊賀守が利長に上意討ちにされた。その理由は、伊賀守が利長から家康暗殺の密命をうけたのに、逆に利家を諌言し

てそれを思い止まらせたことによる。このような前田家の機密を知っている以上、いつ何時「かへり忠(裏切り)もやいたさん」と利長が思案して、二人の家来に命じて討ち取らせたという[三壺記]。

利長を中心とする前田家中には、家康への対抗心がまだ残っていたということであろうか。

五月二十九日、利長の家督相続の祝宴が開かれ、家康も招かれたが、「霍乱」を理由に本多忠勝を代理出席させた。これは家康が暗殺の危険を避けたといわれる。和解が成立したとはいえ、両者の間にはまだ緊張感がみなぎっていた。

ところで、利家は死に臨んで、利長に宛てた遺言を残した。

「利政(利長の弟)を金沢に下し留守居に置き、兄弟の人数おおかた一万六〇〇〇人ほどあるうち、八〇〇〇人宛てを大坂に詰めさせ、金沢に置く残りの半分は利政に下知させるよう命じられ、もし上方に非難すべきことが起こり、秀頼様に対して謀反する者があれば、八〇〇〇の人数を利政が率いて一手に合流して上洛すること」[高徳公遺誡]。

これは、秀頼傅役としての前田家の立場と行動を具体的に指示したものだった。また別の条に「三年加州へ下り申す義無用に候」ともあったから、秀吉亡きあとの豊臣

政権に予想される混乱に対して、あくまで大坂に大軍を常駐させて対処する方針が示されていた。

もっとも、家康も「秀頼様に対し謀反仕り候者」が誰なのか明示していない。家康でも三成でもどうとでも解釈できそうである。

そのせいか、利長はこの既定方針をあっさり覆してしまう。表向きの理由は「ご休息の為」「国本（くにもと）」お仕置（しおき）勧めをうけて帰国の途についた。八月二十八日、家康の遺言ちがへ候。ごうん之末（ご運の末）」だと同情し嘆息したというのである［象賢紀略］。

利長の弱腰には、身内の老臣からも疑問の声が上がっていた。「はやく大納言様ごあるように、利家時代の老臣である村井長頼や奥村永福らが「遺言を違えるようでは為」である［三壺記］。

少し利長を弁護すれば、利長に帰国を決意させた理由は、家康の動きよりむしろ、豊家を守るべきはずの譜代衆同士が諍いを起こしたことだったかもしれない。とくに七将（しちしょう）による三成襲撃は利家が他界した閏三月三日の当日に起きている。

豊家譜代の大名たちがこのような体たらくでは、秀頼の傅役もおぼつかないばかりか、虎視眈々（こしたんたん）と爪を研ぐ家康を利するばかりだと、乱を好まぬ性格の利長が長嘆息し

第一部　太閤秀吉の死と豊臣政権の分裂

たとしても無理はない。前田家の記録には「利長思惟し、とかくかやうに党を以て争ふ事、天下の一大事と了簡し」ていたとある［鳴鶴集］。
党派を組んで争うのは太閤遺命に背くものだから、大老の利家にはそれを止めさせる義務があるはずだが、そのような調停力を発揮して政局の主導権を握ろうとした形跡はなく、むしろ、前田家を争い事からなるべく遠ざけ、つとめて局外中立に立とうとしたようにみえる。

利長は譜代衆の内部抗争を横目にみながら、前田家の立場上、家康の専横を牽制しなければならないという困難な状況に精神が消耗して、自家保存しか考えられなくなったのではないか。そんななか、家康からの帰国慫慂は渡りに船だったように思える。利長の帰国は、二頭の一人として家康と対決することから降りたに等しく、反家康陣営の大名たちをいたく失望させた。前田家側の記録『鳴鶴集』も残念そうに記している。

「利家嫡子中納言利長は、内府家康公へのご挨拶甚だ謙る故に、前田へ与力の大小名口惜く、利家死後いまだ百日も過ぎざるに、かかる威勢の劣る事かな。内府権威を拉ぐものは利長たるべしと、この趣を利長へ告げて諷諫す」［加賀藩史料第二編］。
また一方の家康は利長の気弱さにほくそ笑んでいたのではないか。家康が恐れてい

たのは利長個人ではなく、あくまで秀吉の盟友かつ秀頼の傅役として衆望の厚い前田家だったのである。

4 家康は最初から軍事対決を目論んでいたのか

家康の豊臣「公儀」独占

太閤秀吉が死んでも「二頭↔五奉行」体制が残されたし、前田利家が死んでも豊臣「公儀」の枠組みは依然健在だった。

徳川家康は豊臣政権随一の実力者であったものの、あくまで同列者のなかの第一人者に過ぎなかった。

では、家康がこの地位を突破するにはどのような手段があるか。それは豊臣政権の枠組みの外に出るか、究極的にはその枠組みを破壊して新体制を創出するしかない。

しかし、そうするには一挙には到底不可能で、いくつかの段階、手続きを踏まねばならなかった。

家康はこの課題に精力的かつ果断に取り組んだ。家康は当面のライバルたちで豊臣

「公儀」の構成員である大老や奉行たちを自陣営に誘致するか、態度が曖昧な者や抵抗する者は各個撃破して排除し、豊臣「公儀」を独占するという戦術に出た。

まずは家康に対するもっとも強硬な反対者だった石田三成を失脚に追い込んだことである。これについては、さほど家康の手を煩わしたわけではない。前田利家が他界した慶長四年閏三月三日、大坂で三成嫌いの加藤清正・福島正則ら七将が決起して、三成の屋敷を囲んだ。

このとき、三成の知友佐竹義宣が駆けつけて、三成をひそかに「女輿」に乗せて、宇喜多秀家の屋敷に送った。三成は辛うじて難を逃れたが、大坂は危険なので、家康が仲裁に入って三成を伏見に移し、西ノ丸の向かいの曲輪に保護した。このとき、家康は私闘禁止の法度を掲げて、「天下の事にいろわせ申す間敷候」と一喝して、七将に天下仕置に関与しないようにと厳しく申し渡した。

しかし、七将は納得せずに三成の後を追った。加藤清正・黒田長政が率いた鉄炮足軽だけで三〇〇〇人だったというから、相当の大軍が伏見に押しかけたことになる。家康は伏見城の曲輪で三成を数日匿ったのち、三成を佐和山に送り届けることにした。道中が不安なので、石田勢三〇〇〇人を瀬田まで呼び寄せ、結城秀康が警固して瀬田まで送り届けた。

第一部　太閤秀吉の死と豊臣政権の分裂

このとき、家康は三成から「天下の仕置にかまい申され間敷」と一札取ることを忘れなかった。これにより、三成は奉行職を解かれ、豊臣「公儀」の構成員から排除されたのである［慶長記上］。

三成の佐和山退隠に伴い、閏三月十三日、家康は伏見城西ノ丸に入った。このとき、伏見城の留守居だった奉行の前田玄以と長束正家を追い出している。伏見城は完全に家康の城になった。

次は大老の毛利輝元である。三成を追放してからわずか一〇日ほどののちの閏三月二十一日、家康は輝元と起請文を交わした。輝元が家康に差し出した起請文には「父兄の思ひを成し」という一節があり、家康が輝元に差し出したのには「兄弟の如く申すべく承り候」とあった［毛利家文書一〇一六・一〇一七号］。

家康は輝元より十一歳年長だったから、輝元に「兄弟の如く」というのは自然だが、輝元が「父兄の思ひ」というのは、同じ大老として一歩引いたもので、当座、家康に恭順した形になった。

家康暗殺計画の真相とは

前田利長に対しても、家康は追い討ちをかけた。前節で触れたように、利長は秀頼

慶長四年（一五九九）九月七日、家康は重陽の節句（九月九日）を祝うという名目で大坂に下り秀頼に対面しようとした。ところが、増田長盛と長束正家が家康暗殺計画があることを密告してきた。

「頃前田肥前守の企にて、公（家康）ご登城の時、浅野弾正・大野修理亮・土方勘兵衛等出向ひ、公を図り奉るべしと相談する由也」［加賀藩史料第一編］

奉行の浅野長政、豊家譜代の大野治長・土方雄久らが家康の登城を狙って襲撃する計画があり、背後で糸を引いているのは利長だというのである。しかし、利長はわずか一〇日ほど前の八月二十八日に帰国したばかりだった。常識的には、家康との対決を降りた利長が失敗したときのリスクの大きい暗殺計画に加わるとは考えにくい。唯一考えられるとすれば、首謀者の一人である雄久が利長の生母芳春院の甥（利長の従兄）にあたることである。この縁から黒幕は前田家という連想が働いたのかもしれない。

この事件は、利長追い落としのために家康が仕組んだ謀略だと解釈されることが多いが、どうもそうは思えないのだ。家康が少人数で大坂に乗り込んできたところをみると、不穏な動きを察知していたとはとてもみえない。また急遽、伏見から警固の軍

第一部　太閤秀吉の死と豊臣政権の分裂

勢を呼び寄せたあたりにも混乱した様子がうかがえる。

むしろ、これが謀略であれば、三成失脚、利長帰国によって劣勢になった反徳川派の奉行周辺が仕組んだものではないだろうか。

おそらく、治長や雄久らによる家康暗殺計画は存在した可能性が高い。そして、その噂が奉行の長盛や正家の耳にも入っていた。あるいは二人も計画に関与していたかもしれない。しかし、根が日和見派である二人はこの計画が露見したり、失敗したときの反動の大きさを恐れた。もしそうなれば、豊家譜代衆の罪が問われ、ひいては豊臣家そのものが家康から糾弾されることになる。

そのリスクだけは何とか回避したいと苦慮した二人が家康に密告の挙に及んだのではないか。

一説によれば、この事件を大坂城内で仕組まれたとし、その目的が浅野長政を排除するためだったのではないかと推測する向きもある［内田九州男一九八九］。

たしかに長政は家康と親しく、奉行衆のなかでは唯一、家康寄りだった。奉行衆の結束を固めるために長政を失脚させようとしたとしてもおかしくはない。しかし、それだけのために家康や利長まで巻き込んだら、事件がかえって大がかりになって不測の事態が起こらないともかぎらない。

筆者も大坂城内で仕組まれた謀略である点は一致するが、目的は長政の失脚だけではないと思う。それは密告により、利長をフレームアップするという高等戦術だったと思う。

この暗殺計画に利長が一枚嚙んでいたとすることで、中央政局から一歩退いた前田家を再び家康との対決に引きずり込み、二頭対立の構図を再構築して、豊家安泰を図ったと考えられないだろうか。

その証左として、前田家側の記録『関屋政春古兵談』に「是は増田・長束談合にて、家康公と利長公との中（仲）をさかん（割かん）との謀也」とある。これは前田家のご都合主義の言い訳ばかりとは思えない［加賀藩史料第一編］。

謀略の主の描くシナリオとしては、濡れ衣を着せられた利長が怒って家康と事を構えようとする。前田家は豊家譜代の諸大名の間で信望が厚いから、これに加担する大名も少なくない。彼らが利長を中心に結束すれば、家康も侮れない一大勢力になる。

これにより、たとえ家康打倒は無理でも、その権勢を大幅に削ぐことは可能——というものではなかったか。

ところが案に相違して、利長は弱腰で家康に屈伏する道を選んだので、せっかくの謀略も水泡に帰してしまった。

第一部　太閤秀吉の死と豊臣政権の分裂

家康はこの暗殺未遂事件を奇貨として、最大限に利用した。暗殺計画に関与したとされる長政は武蔵八王子に、治長は下総結城に、雄久は常陸桐間にそれぞれ配流された。それだけではない。家康は利長に「謀反これあり」として加賀出陣を号令した。そして前田領と接する丹羽長重（加賀小松一二万五〇〇〇石）に討伐軍の先手を命じた。

寝耳に水とばかりに驚いたのは利長だった。彼には、この謀略に乗って一気に反徳川の旗幟を鮮明にして諸大名に結集を呼びかける選択肢もないではなかったが、とてもそこまで情勢は煮詰まっていないという思いが強かったし、第一、その覚悟がなかった。

それに、利長の弱みは大坂城中に芳春院を人質として残してきたことだった。父を失ったばかりの利長は母を見殺しにすることに迷いが生じた。そのため、時間稼ぎとして老臣の横山長知を家康のもとに派遣して弁明これつとめ、ついに芳春院を人質として江戸に送ることを申し出たので、家康もこれを諒として加賀出陣を中止した。

じつは家康と利長の交渉は半年の長きにわたっている。一時は男子がいない利長が家康の男子を養子にして金沢二〇万石を譲るという案まであったらしい［当代記］。前田家側の『村井長時筆記』によれば、養子に入る家康の息子とは「お万殿」（四男信

吉）だったという［加賀藩史料第一編］。

　もし仮に、このとき、利長が恭順の姿勢を示さずに領国の防備を固め始めたら、家康は軍事力を行使しただろうか。おそらく武力発動に踏み切った可能性が高い。それは前田家の姻戚である宇喜多秀家・細川忠興の実力を見定めてのことだった。家康なら、むしろこの二人の忠節を試す踏み絵として先鋒を命じたかもしれない。

　もう一人の大老、宇喜多秀家に関しては先に触れたが、慶長五年（一六〇〇）正月早々、一門や重臣が秀家夫妻の寵臣を成敗しようとして拒否されると、大坂玉造屋敷に立てこもるという異常事態が起きた。

　秀家は自力でこれを解決できず、家康と大谷吉継の介入・裁定により、ようやく沈静化することができた。その結果、一門の宇喜多詮家（のち坂崎直盛）、重臣の戸川達安・岡家利・花房正成など、軍団の先手衆をつとめる万石以上の旗頭六人のうち、じつに四人が主家を出奔し、これにその他有力与力四〇人も同調したので、宇喜多家中は大混乱に陥った。

　二月、秀家は家中の動揺を鎮め、家臣団を再編成するために岡山に帰国せざるをえなくなった。もともと豊家の家門大名として、家康に敵愾心を抱いていた秀家だが、足許に火がついて、とても家康に対抗するどころではなくなった。

第一部　太閤秀吉の死と豊臣政権の分裂

かくして、大老のうち三人が屈伏・服従して帰国を余儀なくされ、奉行も二人が失脚して、あとは三人の日和見派だけとなった。

まだ家康に頭を下げていないのは、会津一二〇万石の太守、上杉景勝だけになった。景勝は利長とほぼ同時期の四年八月に会津に帰国していた。上杉家は同三年正月十日、秀吉の命で越後・佐渡・出羽庄内・信濃川中島九一万石から会津一二〇万石に国替されたばかりだったから、上方に滞在するよりも領国経営に力を入れたいという事情があった。

景勝は会津黒川城が手狭なので、近くの神指に新城の普請を開始し、領国内の街道や橋の修築を行い、武具や牢人を集め始めた。

これを上杉家と確執を抱える隣国越後の堀秀治の老臣堀直政が「謀反」として家康に注進し、さらに景勝の老臣藤田信吉も出奔して、家康に景勝の叛逆を訴えた。

家康は利長のときと同様に景勝を追討する大義名分を得た。平和的な交渉による解決か武力発動の手段に出るか、景勝の出方次第ということになった。

前者であれば、家康は人質の要求や越後からの転封の際、堀秀治ともめた越後旧領での年貢徴収の理非をめぐって厳しく追及することになるのは間違いない。前田家と違って、不識庵謙信以来の武門の家柄を誇る景勝がそのような屈辱に堪えられたかど

うか。

いずれにせよ、景勝が屈服するとは思えないので、武力発動になるのは時間の問題だった。家康としても、豊臣「公儀」の主宰者として「謀反」には断固とした態度を示す必要があった。

ただ、上方からみて、会津は加賀金沢よりはるかに遠い。遠征軍を編成して上方を留守にすると、どんな事態が出来するかもわからなかった。

家康がそうした可能性を計算しないはずがない。いかなる事態になっても対応できるようにするために、家康はなるべく多くの諸大名や軍勢を会津討伐に動員しようとした。もし上方に異変が起こっても、戦力上、優位に立てるし、関東で持久する手段もある。

仮に武力発動という手段に訴えて上方を留守にしても成算はある。むしろ、この機に乗じて反対派が挙兵すれば一網打尽にしてくれる——家康はこのように強気に決断したのである。

5 石田三成と直江兼続の密約はあったか

「直江状」は偽作

古くから、関ヶ原合戦の発端となったのは、石田三成と直江兼続があらかじめ密約して、徳川家康を東西から挟撃しようとしたからだといわれている。

しかしながら、密約の痕跡を認めることはできない。何より、慶長五年（一六〇〇）五月、家康が会津征伐を宣言するまで、政局の主導権を一貫して握っていたのは家康だったことが忘れられている。

上杉方からみたら、家康からの無理難題に対して、受け身ながらこれに対抗せざるを得なくなったというのが実情であり、あらかじめ三成と打ち合わせて、家康の出陣を誘ったとは到底考えられない。それに、仮に挑発したとしても、家康の出方が上杉方の予測どおりになるとはかぎらない。

むしろ、家康が会津出陣のために上方を留守にするという間隙が生じたことにより、三成が西軍の諸大名を糾合して上方を制圧するという状況が生まれ、それから、上杉方との東西挟撃策が現実化してきたというのが実情に近いと思う。

考えてみれば、前田利長が「謀反」の嫌疑をうけたときに屈服せず、領国の守りを固めて対決する姿勢を示せば、家康は行きがかり上、加賀に出陣せざるをえない。そうなれば、会津出陣と同様に上方を留守にすることになる。その隙を突いて三成らが挙兵に及んだとして、今度は利長と三成の間に密約があったということにはならないだろう。

では、家康が会津出陣を決める前後、三成と景勝・兼続との間にまったくの連携がなかったかといえば、そうではない。以下、簡単に政局の動きを年表風に挙げてみる。

二月　　　　　奥州陣の噂〔慶長記〕
三月十一日　　景勝の家臣藤田信吉（津川城主）、出奔。
三月二十三日　信吉、江戸で秀忠に謁し、景勝謀反を注進。秀忠、これを大坂の家康に急報。

この月　　　　家康、会津出陣を輝元・秀家・吉継・長盛らに図るが、早計として景

第一部　太閤秀吉の死と豊臣政権の分裂

四月一日　勝の上洛を促すことに決す。

この月　相国寺の豊光寺承兌、兼続宛て書状を認める。家康の使者伊奈昭綱、増田長盛の使者川村長門、承兌の書状を携えて会津に向かう。十三日に会津到着か［直江状より推定］。

四月十四日　兼続、承兌宛てに一六カ条の返状。いわゆる「直江状」。

五月三日　これより以前、昭綱ら帰り景勝上洛せずと伝える。家康激怒して会津出陣を口にする。

五月七日　三奉行と三中老が家康に会津出陣の延期を申し出る。

五月二十日　家康と景勝「和談」との噂［義演准后日記］。

六月二日　家康、七月二十一日をもって会津表に攻め入るよう、諸将に命じる。景勝、安田・甘糟・岩井・大石・本庄らに対し、近隣諸大名より上杉逆心と讒言されたことを怒り、上洛の不可と領国防衛の覚悟を披瀝する。

六月十日

六月十八日　家康、会津出陣のため大坂を発す。

このなかに有名な「直江状」がある。家康の無理難題に対して、兼続が武門の意地

を賭けて受けて立ち、名門上杉氏の潔いほどの覚悟を示したことは爽快でさえあり、後世の家康嫌いが快哉を叫んでいる。

しかし、「直江状」は偽書の疑いが濃厚というのが通説である。たとえば、桑田忠親氏や二木謙一氏は「偽作」と断言している［桑田一九八二、二木一九八二］。筆者も以前から、「侍者奏達恐惶敬白」という書止文言が同時代に例をみないので不審に思っていた。

「直江状」の書札礼や内容を詳しく検討した宮本義己氏によれば、敬語の誤用や不自然な用例が多々みられること、内容上も増田長盛と大谷吉継の関わりが強調されていることなどを理由に、「後世の偽作か、あるいは改竄と見なさざるをえない」と結論している［宮本一九九八］。

宮本氏の結論には従うべきだと思う。なお、筆者は別の視点から疑問に思っていることがある。上(«»景勝の上洛拒否は家康に会津出陣の格好の大義名分を与えたはずだが、「直江状」が偽書だとすれば、肝心の上杉方からの返状がなぜ遺っていないのかということである。

返状は奉行衆はじめ大坂近仕の諸大名にも披露されたと思われるので、写しがとられるとか、断片的な一節でも何らかの記録や文書に遺ってよさそうだが、これがない。

ただ、兼続の返状があったことは確かである。上杉方の上洛拒絶の返答に激怒した家康が会津討伐を言い出したので、これを制止するために、長束・増田・前田の三奉行と中村一氏・生駒親正（いわゆる中老）が連署の諫止状（五月七日付）を家康に送った［関原軍記大成巻之五、以下軍記大成と略す］。

それには「今度、直江所行、相届かざる儀、ご立腹ご尤もに存じ候」とか「（兼続が）田舎人に御座候間、不調法故」云々という箇所があることから、兼続からの返状が存在したことがうかがわれる。その内容まではわからないが、家康が立腹したとこをみると、いわゆる「直江状」に近い筆致で書かれたものだった可能性は高い。

またこれとは別に、『関原軍記大成』巻之五にも興味深い記述がある。

「一書に、景勝卿、この時、伊奈図書に対面して、其品々を申し、拠はご失念もあるべしとて、十一箇条の書付を授けて、この旨をお改めなきに於いては、我等上洛すべからずと、あらけなく答へられしと記す」。

「一書」という史料名が判明しないのが残念だが、景勝から家康の使者伊奈昭綱に対して「十一箇条の書付」が渡されたとする史料があるというのである。なお、「直江状」は一六ヵ条から成るので、これとは別に景勝の返状が存在したことをうかがわせる。

その内容は推定するしかないが、手がかりはある。景勝が六月十日付で、支城主の安田能元・甘糟景継・岩井信能・大石元綱・本庄繁長らに宛てた書状である「米澤市史、上杉家御年譜三」。

「第一に家中無力、第二に領分仕置のため秋まで上洛を延引したいと奉行衆に返答していたが、重ねて逆心の讒言があったために、上洛がなければ、当郡（上杉領）に対して軍勢を差し向けるという。これについて存分があるけれど、元来、逆心など抱いていないので、万事を抛ってでも上洛する覚悟で落ち着いた。しかし、讒人の糾明の一カ条を要求したところ、是非もなく、ただ相変わらず上洛せよというばかりで、あまつさえ日限を区切って催促してきた。このように押し詰められては、上洛のことを承知するわけにはいかない。数通の起請文も反故になり、契約も信頼関係も成立しなくなったし、讒人の糾明もかなわないとなれば、（武門の意地を示す）時節が到来したとただひたすら思いつめている」云々。

これによれば、景勝は国許の事情で上洛延引を奉行衆に伝えていたが、それほど催促するなら上洛してもよい。その代わり自分を「逆心」と訴えた讒人の糾明をさせろと要求したが、受け容れられなかったから是非もないという理由で上洛できないと返答したようである。

じつは、この内容が「直江状」のそれと非常によく似ているのだ。もしかすれば、「直江状」は景勝のこの書状を参考にして、後世、作成されたのかもしれない。

三成と兼続の頻繁な連絡

ところで、三成と兼続の「事前共謀」は成立しないとしても、両者はいつ頃から連絡を取り合っていたのだろうか。

現存史料に表れるかぎりでは、三成が六月二十日付で兼続に送った書状が初出であろうか〔続武者物語、軍記大成巻之七〕。

これは家康が同月十八日に伏見を進発したことを知らせながら、「兼々の調略存分に任せ、天の与へと祝着せしめ候」とあり、二人がこれ以前から「調略」を行っており、家康の出陣が二人の予想どおりだったことを示唆している。また、書状冒頭に「先日ご細書預かり、則ち返報に及び候」とあることから、この返状の前に兼続からの書状が届いていたことになる。

となれば、いわゆる「直江状」が書かれた四月中旬以降、それほど時間をおかないうちに、三成と兼続は連絡を取り合った可能性が高くなる。

念のため付言すれば、この書状には偽書説がある。「兼々の調略」云々という一節が、

三成と兼続の間で示し合わせた事前謀議であるかのようにみえるのが不自然だとする。

ただ、笠谷和比古氏も指摘するように、右記の「天の与」［笠谷一九九四・第二章注10、真田家文書状（八月五日付）にも「天のあたふる儀に候」［笠谷一九九四・第二章注10、真田家文書上巻五五号］という文言と酷似している。また翌六日付で昌幸に宛てた三成書状にも「誠に天の与へに候」という文言がある［軍記大成巻之六］。このことから、必ずしも偽書とはいえない。

なお、同書状には「輝元・秀家、その外無二の味方に候」ともある。この点も通説とくらべると早すぎるという疑問がある。それならむしろ、輝元・秀家との連携が成ったのは七月以降だと思われるからである。それならむしろ、三成の誇大な宣伝文書とも考えられる。上杉は決して孤立していないと兼続を励まして、その抗戦意欲を減退させないようにしたとは考えられないか。

偽書説については一理あるかもしれない。しかし、それだけでは納得できないのもたしかである。いわゆる「直江状」（四月十四日付）に相当する返書を発した時点で、上杉方は臨戦態勢に入ったわけであるから、それから二カ月間、景勝・兼続がまったく政治工作をしなかったと考えるほうが不自然である。とくに反徳川派の急先鋒といえる三成とは何らかの連絡があっても不思議ではない。

ともあれ、その後も三成と兼続の連絡は頻繁に続いている形跡がある。現存している
ものでは、七月十四日付の兼続宛て三成書状がある[軍記大成巻之七、新潟県史通史編
中世]。

じつはこの書状についても偽書説がある。中村孝也氏は先ほどの六月二十日付の兼
続宛て三成書状は[参考]として採用しているが、この七月十四日付のほうは「信憑
性の弱いもの」という理由で採用していない[徳川家康文書の研究中巻]。

しかしながら、六月二十日付書状と合わせると、三成と景勝・兼続との間で辻褄つじつまが合う点があるのも事実であ
る。この問題を検討するにあたって、三成と景勝・兼続との間でやりとりがあったとさ
れる書状を、偽書説があるものや、他の書状によって実在が推定されるものも含めて
列挙してみよう。

① 日付不明　　　直江兼続→石田三成　（推定、②に記載あり）
② 六月二十日　　石田三成→直江兼続　*偽書説あり
③ 同右？　　　　石田三成→上杉景勝　（推定、②に記載あり）
④ 六月二十九日　直江兼続→石田三成　（推定、⑤に記載あり）
⑤ 七月十四日　　石田三成→直江兼続　*偽書説あり

⑥七月晦日？　石田三成→直江兼続？（推定、同月同日付真田昌幸宛て書状に記載あり）

⑦八月五日？　石田三成→直江兼続？（推定、同月同日付真田昌幸ほか宛て書状に記載あり）

⑧八月二十五日　上杉景勝→石田三成ほか　[真田家文書上巻五九号]

まず、近江佐和山と奥州会津の間で書状をやりとりすれば、どれくらいの時間がかかるか確認しておく。

この時期、東海道や奥州街道は東軍の制圧下にあったから、中山道筋を往来するしかない。また三成が真田昌幸に依頼しているように、碓氷峠を越えないで、裏街道を通って沼田越えで会津に向かうルートがもっぱら使用されたようである。七月晦日付の昌幸宛て三成書状によれば、二十一日付の昌幸書状が二十七日に佐和山に届いたとある[真田家文書上巻五一号]。

つまり、佐和山と信州上田の間は六日前後を要することになる。上田から沼田経由で会津までなら、中山道より険しい山越えなので、さらに数日を要すると思われ、合わせて一〇日前後かかるとみて間違いない。

⑤の三成書状の冒頭に「六月廿九日の御状到来」とある。このことから、これ以前に兼続から三成に宛てた書状、すなわち④があったものと思われ、おそらく七月十日前後に三成のもとに到着したのであろう。だから、⑤の三成書状はその返状として作成されたものと思われる。

さらに続けて、⑤には「先書にも申し入るる通り、越後の儀は、上杉ご本領に候間、中納言殿に下し置かれ候旨、秀頼公御内意に候」という注目すべき文言がある。秀頼が越後を上杉領として与えることをひそかに承認しているというのである。三成としては、これほど奮い立たせる条件はひそかに承認していたのではないか。

いうまでもなく、秀頼がこのような条件を認めた事実はない。三成の思い切った空手形である。三成としては、これくらいの恩賞を約束しないと、上杉方を味方につなぎ止められないという切迫した思いがあったのであろう。空手形といえば、三成は真田昌幸に対しても、小諸・深瀬・川中島・諏訪の諸郡を与えると約束している〔右同書五五号〕。

なお、「先書にも申し入るる通り」とあるが、「先書」とは②の三成書状を指すのであろうか。時間的な整合性はあるものの、内容上では合致しないのをどう理解したらよいのか。すなわち、②の三成書状には越後が上杉氏の本領である云々と言及した部

分が存在しないので、⑤と対応しないのである。

別途に出されたものという推定も成り立つが、ここでは、②の三成書状に「中納言殿江別書を以て申し進らせ候」とあることから、三成から兼続宛てと同時に景勝に宛てられた書状③のほうを指していると推定してみたい。「上杉ご本領」云々の一節は知行問題だけに、兼続に対してというよりも、大名領主である景勝宛てにふさわしい内容だからである。

このののち、三成と兼続の往復書状は遺っていないが、間接的に推定できるものは存在する。三成が七月晦日付で真田昌幸に宛てた書状のなかに、使者三人を送ったという条りがある。

「残る弐人は会津への書状共遣し候条、其方より慥かなるもの添へ候て、沼田越えに会津遣され候て給ふべく候」［真田家文書上巻五一号］

つまり、三成が二人の使者を沼田越えで会津に案内してくれるように昌幸に依頼しているのである。これが⑥に該当する。また八月五日付の昌幸宛て三成書状にも同様の依頼がある。これが⑦で、昌幸宛て書状の内容から、上杉方に関東表への出陣を催促するものだったと思われる［右同書五五号］。

その後、八月二十五日付で景勝から三成や三奉行・二大老に宛てた書状⑧がなぜか真

第一部　太閤秀吉の死と豊臣政権の分裂

田家に所蔵されている。これは景勝が上杉方の実情を知らせながら、関東にすぐ打ち入れられなかった理由を釈明した内容で、後節で検討することになろう。

これ以降、三成と兼続の間の往来は史料上にはあらわれない。単に文書が遺らなかっただけかもしれないし、三成は尾張・美濃での手当に忙しく、上杉方も小山評定以降、伊達政宗に備えたり、最上領に侵攻する時期と重なったせいかもしれない。

三成と兼続が頻繁に書状のやりとりをしていたであろうことは確認できるが、いかんせん、近江佐和山と会津は遠い。書状の往来にしても、片道一〇日、往復で二〇日前後かかっているようである。

当然、その間に情勢が刻々と変化するので、一度出した書状の内容が古くなって役に立たないこともあったに違いない。

いずれにせよ、東西挟撃策というのは、いうは易いが行うは難かったのではないだろうか。

6 三成の挙兵戦略はどのようなものだったのか

三成―恵瓊ラインの根回し

 徳川家康が会津攻めのため、大坂を進発したのは慶長五年（一六〇〇）六月十六日のことである。

 これは家康の名による豊臣「公儀」の軍事指揮権の発動であり、この出征に参陣するか否かで、諸大名の向背を峻別しながら、かつ同心の大名を結集させるという効果が期待できた。

 しかし、その一方で豊臣「公儀」の中枢である上方を離れることによる政治空白、それに伴う反徳川派の挙兵の可能性、大坂に集められている諸大名の人質と切り離されること、さらに秀頼母子を反徳川派に掌握される恐れなど、多くのデメリットも同時に派生していた。

第一部　太閤秀吉の死と豊臣政権の分裂

家康はそれらを承知のうえで、会津遠征を強行したわけだが、かなり危険な賭けだったといわねばならない。後世の私たちは関ヶ原決戦の結末を知っているから、結果から推論して家康の勇断と評価するが、じつのところ、家康に反対する勢力に対する過小評価があったのではないかという気がする。

家康は石田三成とそれに与力するひと握りの大名なら恐るるに足りずと思っていたのではないか。また三奉行や大老の毛利輝元と宇喜多秀家がこれに同調することもないと判断していた。

家康がそう思うのも無理はない。輝元とはすでに前年、「兄弟」「父兄」の契約を交わしていた。輝元自身もこの頃、広島に在国していただけでなく、会津攻めには吉川広家を大将、安国寺恵瓊を副将として参陣させることを命じ、出陣する恵瓊に銀子三〇〇枚を与えている。上方に駐在していた恵瓊は広家より一足早く先発したが、広家は七月六日に国許の出雲を発ち、十三日に播磨に着到していた［毛利輝元卿伝第四編、萩藩閥閲録遺漏巻三ノ三・東条小三郎譜、吉川家文書九一六・九一七号］。

また秀家は岡山に留まっていたものの、六月十九日、一門の浮田左京亮（宇喜多詮家、のち坂崎直盛）を大将とした先手衆を伏見から会津へ下らせていた［備前軍記］。

輝元・秀家の両大老も家康の軍令に従う意思を示し、実際に軍勢を派遣していたので

ある。だから、家康が楽観的になったのも無理はない。

しかしながら、もし輝元や秀家が三成に同調すれば、それに加担する西国大名も加わって一大勢力になる。家康はそうした潜在的な可能性がありうることを軽視していたかもしれない。

その意味で、三成はまさに家康の虚を衝いたといえる。家康の専横を苦々しく思っている大名は大老や奉行はじめ少なからずいたであろう。しかし、誰も景勝ほどには正面から異議を唱えることはできなかった。ましてや、軍事的な行動に出るにはよほどの勇気が要る。なぜならもう後戻りできないからだ。

そこへ、会津出陣という軍令が豊臣「公儀」より下った。じつは、これこそ反徳川派＝西軍が形成される最大の要因だったというべきである。諸大名、とくに西国の大名は「公儀」から課せられた軍役という大義名分により、堂々と軍勢を上方に派遣できるようになった。

三成は諸大名が一斉に流動化したのに目をつけた。会津出陣のために上方に進駐してきた一〇万ともいわれる軍勢を会津に向かわせずにせき止めようというのである（実際、三成は近江愛知川に関を設けて、大名たちを上方に追い返している）。その際、烏合の衆たる彼らに目的を与えてひとつにまとめるには結集軸と大義名分が必要であ

第一部　太閤秀吉の死と豊臣政権の分裂

る。それが中国の雄で大老の毛利輝元であり、家康弾劾状だった。

毛利勢が大挙上洛し、輝元が大坂城西ノ丸に入って秀頼を推戴すれば、反徳川感情を抱いている諸大名を引きつけるのに十分に魅力的なお膳立てだった。また輝元にしても、毛利だけなら心許ないが、同じ大老の秀家はじめ西国の諸大名が馳せ参じれば心強いという、一種の群集心理による相乗効果が期待できたのである。

いうまでもなく、このように諸方面に張りめぐらされた政治工作の結節点に三成がいた。三成は豊臣「公儀」を構成する三人の奉行衆の地位を十二分に活用し、また輝元に影響力を行使できる恵瓊と連携することで、西軍を結集させる条件をととのえたのである。

西軍の予想以上の結集は、三成が佐和山に退隠している間にあらんかぎりの知恵を振り絞った戦略構想の一定の実現であった。

しかし、この成功によって、不可避的に西軍の内部に脆弱性を抱え込んだ一面も忘れてはならない。東軍に結集した諸大名の多くは三成嫌いのうえに家康に奉公するという明確な目的意識があった。それに対して、西軍のほうは、たとえば島津義弘が「秀頼様御為」と自分を納得させて西軍に加わったように、行きがかり上であったり、たまたま上方に居合わせて大勢に順応しただけの大名が多かった。つまり、将の質や

軍勢の士気という面において、東軍に劣っていたのは否めず、それが家康につけ入るスキを与えた。

ここで、三成が輝元を推戴して挙兵する経緯を追ってみたいが、じつをいえば、その間の三成の動きを正確に確認する良質な史料が存在しない。とりあえず『落穂集』などに基づいた通説に従って、西軍挙兵までのいきさつを追ってみよう［今井林太郎一九八八］。

七月二日、大谷吉継が会津出陣のため美濃垂井に至った。吉継は隠居の三成の代わりに出陣する予定になっていた嫡男重家を迎えに佐和山に使者を走らせた。三成は逆に家臣の樫原彦右衛門を遣わして吉継を佐和山に招き、挙兵の意図を打ち明けた。吉継は翻意を促したが三成がきかなかったので、七日にいったん垂井に戻った。吉継は改めて寄騎の平塚為広（美濃垂井一万二〇〇〇石）を佐和山に遣わしたが、三成の決意は固かったので、十一日、吉継が再び佐和山に入って三成に協力することを申し出たという。この謀議には恵瓊も加わったという。

ちなみに、このとき、吉継が三成は「へいわい」（横柄）で人望がないから、輝元を秀家を上に立てることを条件に挙兵に同意したという逸話は有名である。

十二日には前田玄以・増田長盛・長束正家の三奉行連署状が発給されて、広島の輝元

第一部　太閤秀吉の死と豊臣政権の分裂

を大坂に迎えることとなった。輝元は即座に決断して海路上坂、十六日夜に大坂・木津の毛利屋敷に入っている。翌十七日、輝元は三奉行らに推戴されて西軍の盟主となり、家康の御座所だった大坂城西ノ丸に入った。そしてこの日、有名な「内府ちがひの条々」という家康弾劾状が発せられた。

この間のいきさつをみると、短期間にしてはあまりにスムーズに事が運びすぎている印象が強い。とくに三成・吉継・恵瓊の三者で挙兵の意思一致ができてから、輝元が大坂に入るまでわずか五日間である。上方と広島という地理的な距離感、中心的な組織者の三成が大坂に赴かず佐和山から動かずにいたと思われること、また毛利家中での吉川広家や家老衆の反対、鈍重・優柔不断との定評があった輝元の即断即決といった要素を考えると、あらかじめ根回しが進行していたのではないかと思わせる。

これに関して興味深いのは、毛利両川の一人、吉川広家の関ヶ原合戦直後の告白である［吉川家文書九一七号］。

それによれば、「去る七月、安国寺佐和山に罷り越され候て、石治（三成）・大形（吉継）と相談を遂げられ、如何御座候つるか、忍び候て大坂罷り下られ候」とある。恵瓊が三成・吉継と密談したことを広家が暴露しているわけだが、その時期を七月とするだけで具体的日時が不明なのは残念である。ほかの史料でも、管見のかぎり、恵瓊

が大坂か伏見を発した日にちがなかなか判明しない。

恵瓊が三成・吉継と謀議したのが七月十一日というのが通説だが、恵瓊はその前から三成と会っている可能性もある。

『毛利三代実録考証』八三巻で、恵瓊の大坂発足と大坂帰還の時期を考察した「論断」によれば、二つの時期は不明としながらも、とくに大坂帰還については興味深い推論をしている。恵瓊の使者が広島の輝元のもとに着いたのが七月十四日である事実から逆算して、「往来の日数を以て推すに、十日より以前に大坂に帰りて注進せしにあらずんば、この到来中頃までには聞へがたし」とする［山口県史史料編・近世1下］。

つまり、十日以前に恵瓊が大坂に帰っていたと考えるべきで、そうだとすれば、三成との密談も当然それ以前であり、しかも、三成と吉継の会談より以前だった可能性が高い。

さて、会津に下らないで大坂に戻った恵瓊は上坂途中の広家に急ぎ上坂あるようにと飛脚を送った。播磨まで来ていた広家が飛脚と会ったのが七月十三日。翌十四日に広家は大坂に着いている。

ここで、恵瓊が広家や家老たちに密事を打ち明け、上杉に味方して反徳川の挙兵を明らかにするのである。恵瓊の言い分は次のとおりだった。

「かの表(会津)のことは(家康が大軍なので)討ち果たされてしまうであろう。そうなれば、諸大名の進退はさらに不安定になる。将来は秀頼様の御為にもなるかどうかわからない。だから、会津の上杉が堅固に守っているうちに、弓矢に及ぶべき旨、三成や吉継と申し合わせ、これに増田長盛ほかの奉行衆も同意した。今から中納言様(輝元)が一刻も早く上洛なさることが肝要である」[吉川家文書九一七号]

恵瓊は、この機を逃せばこれからずっと家康に牛耳られてしまうが、毛利家としてはそれでよいのかと、言外にほのめかしている。恵瓊の情勢認識で重要なのは、会津の上杉方の守りが堅固なうちに挙兵するという機のとらえ方である。家康率いる東軍を会津に釘付けにしている間に、輝元を盟主として上方を抑えてしまおうという計画だった。

これに対して、広家らは「日本二つの御弓矢、大篇(大変)の儀に候」と反対したが、恵瓊が強引に押し切ってしまう。

恵瓊はすでに先手を打っていた。広家が上坂する前に広島に使者を送っていたのである。その使者が十四日に広島に着き、輝元はその日のうちに船に乗って上坂の途につき、十六日夜には大坂・木津の毛利屋敷に入っている。

この輝元に似合わぬ機敏さは、輝元自身に家康にとって代わりたい野心を抱懐して

いたと同時に、恵瓊の恫喝に近い巧みな誘致があったことも忘れてはならない。毛利側史料『佐々部一斎留書』には次のようにあった。

「その上今度輝元公ご同意無くば、秀頼公えご逆意の通り申さるるに付きて、ご本式に誠と思し召し候やとの事」［関原陣輯録］。

輝元が上坂に同意しないと秀頼への逆意と見なすと恵瓊が書状に書いたか、使者に言上させたので、驚いた輝元はそれを真にうけて急ぎ上坂したというのである。輝元も軽率だが、恵瓊のほうが計略にかけては一枚上手だったというべきか。

また一説によれば、三成や吉継が「輝元を語らい、秀頼卿十五歳までは天下の政務悉く輝元にまかすべき由誓状を与ふ」という。他の史料で裏付けがとれないものの、輝元の迅速な行動と平仄があうのもたしかである［武家事紀巻第二十三］。

即日の上坂だから、輝元は大した兵を率いていなかったと思われるが、毛利家は秀吉の死の直後から混乱を予想して大坂に多くの兵を駐屯させていた。毛利家の老臣だった内藤周竹（隆春）の覚書によれば、大坂屋敷に二万余と鉄炮七〇〇挺を保有していたという［萩藩閥閲録第三巻・内藤小源太譜］

これに吉川勢も加わり、輝元のあとから後詰も着到したであろうから、三万から四万の大軍がそろったに違いない。ともあれ、輝元とこの大軍が西軍の中核を形づくる

ことになった。

宇喜多秀家・大谷吉継の立場

毛利輝元と並ぶ大老、宇喜多秀家の場合をみてみよう。

すでに述べたように、秀家も家康の会津出陣の軍令に従い、一門の宇喜多詮家を名代とする先手衆を先発させていた。この軍勢が伏見を発したのは六月十九日である［備前軍記］。

この先手衆のなかには戸川達安・花房職秀・岡家利らの旗頭がいた。彼らはいずれもこの年正月、秀家の仕置に反抗して大坂玉造屋敷に立てこもった面々である。一度は赦免されて帰参した者たちだった［早島の歴史3史料編］。

しかし、秀家が上坂すると一転して三成に呼応して西軍に属した。そのため、先手衆の帰属が宙ぶらりんになったが、もともと主君とはいえ秀家にはよい感情を抱いていなかったので、彼らはこれを機に東軍に属した。彼らの多くは黒田長政の軍勢に借陣することになった。

ところで、秀家がいつ、どのような形で上坂しているのか史料不足でよくわからないが、一説によれば、七月二日に上坂しているという［備前軍記］。

『備前軍記』は江戸時代後期、安永三年（一七七四）に成立した編纂史料だが、比較的良質な軍記物であると思う。秀家が七月二日に上坂したことを示す史料はほかに存在しないようだが、豊国神社の社僧神龍院梵舜の日記によれば、秀家は七月五日と二十三日の二回社参している事実がある［舜旧記第一］。

七月五日に秀家が豊国神社に参詣している事実があるので、『備前軍記』の二日上坂説は比較的妥当ではないだろうか。

では、秀家のこの時期の上坂をどのように理解するかである。秀家の上坂は輝元の上坂とくらべるとかなり早いだけでなく、独自の判断に基づいている。三成と恵瓊の謀議成立を十一日だとすれば、秀家の上坂はこれとは無関係だということになる。換言すれば、秀家の上坂は会津出陣のためであり、先発した先手衆の跡を追うつもりだったのではないか。

だとすれば、豊国神社への二度にわたる異例の参詣の意味も解ける。従来は秀家が秀吉遺命の忠実な実行のため徳川打倒を念入りに祈願し、豊家家門として秀頼を擁護する立場を鮮明にしたと理解されている。

しかし、そうした理解は秀家をことさら美化することになる。つまり、七月五日の一度目の参詣は会津出陣の戦勝祈願だった。その後、秀家が一転して西軍に属したた

めに、改めて祈願をやり直す必要が生じたので、二十三日の二度目の参詣が徳川打倒の戦勝祈願になったと考えられないだろうか。

秀家が西軍に加担する気になったのは、三成らの誘いもさることながら、輝元の去就をみての決断だと思われる。

あまり知られていないが、秀家は毛利家と入魂になろうとしていた形跡がある。毛利家側の記録によれば、秀吉は死の直前の慶長三年（一五九八）八月十三日、「宇喜多とご縁辺仰せ談ぜられ候」、つまり、輝元の嫡子松寿丸と秀家の女の縁談を命じていた。秀家はこれをうけて、毛利家と入魂になろうと毛利家を度々訪れていた。「宇喜多事、日々殿様へ参るの由候、家中の者共の悦び候事大方に非ずの由風聞候」とあるほどである〔萩藩閥閲録第三巻・内藤小源太譜〕。

こうした毛利家に対する親近感から、秀家も輝元と去就を共にしようとしたと思われる。

以上みてきたように、西軍に属した諸大名のうち、家康打倒という明確な意思を当初からもっていた者は極めて少ないことがわかる。

輝元・秀家・吉継といった西軍首脳ははじめ、ことごとく会津表へ出征しようとしていた。一子重家を吉継に託そうとしていた三成とて例外ではない。

しかしながら、会津出陣という軍令は、一面で公然たる軍勢の移動を可能にしたばかりか、反徳川派＝西軍の結集さえ容易にする軍事的基盤をも提供したのである。そのことを鋭く見抜いていたのが、ほかならぬ三成と恵瓊だったと思う。この点に関して、大谷吉継もいるではないかという意見もあるかもしれない。

しかし、吉継はそれほど家康を敵視していた形跡はない。豊臣「公儀」にとって家康が危険な存在であるという考えは最初からもっておらず、むしろ、家康の台頭は致し方ないと考えていた節がある。

たとえば、秀吉死後、家康が私婚を強行して他の大老や奉行から問責されたとき、吉継は福島正則や藤堂高虎らとともに家康方に馳せ参じていて、三成とは政治的立場を異にしている。また前田利長に謀反の嫌疑がかけられたときも、吉継は家康と利長の間に立って奔走している。宇喜多家中の内紛騒ぎでも、吉継は榊原康政とともに仲裁している。これらの事実から、むしろ、親徳川的立場にあったとみてよい。

それなのに、一転して西軍についたのは、よく知られているように、三成との友情に殉じたからであろうか。勝ち馬に乗ったり、実利で動く大名が多いなかで、吉継こそ稀にみるほど信義に厚い人物だといわれているが、果たしてそうなのだろうか。

一時は豊臣政権の奉行までつとめた吉継が三成との挙兵に同意したのはそのような

きれい事だけではすまされないと思う。追い込まれての挙兵ならともかく、機をとらえての挙兵なら、できるだけ勝つ見通しを立てておくのが自然の理であり、それこそ一族や多数の家来を召し抱える大名という名に値するものである。だが、三成は恵瓊を通じて輝元を盟主に祭り上げればどうかと逆提案したことにより、吉継もそれならば成算ありとみて、二人の構想に乗ったと考えられる。

つまり、西軍を組織しようとしたのは、三成・吉継・恵瓊の三者というより、はじめは三成と恵瓊の連携だったのではないか。三成は西軍挙兵の核心を輝元の推戴（すいたい）に置いていて、かなり早くから水面下で恵瓊と接触していたのではないかと思われる。

7 前田利長・利政は東西のどちらにつくつもりだったのか

利長の会津不出馬の意図

会津出陣の軍令は加賀・能登・越中の太守前田利長・利政兄弟にも届いていた。すでに五月十七日、生母芳春院は人質として江戸に下っていた(到着は六月六日)。

六月六日、徳川家康は大坂城西ノ丸に諸大名を召集して会津攻めの部署を定めた。攻め口は五カ所で、白河口は家康・秀忠、信夫口は伊達政宗、米沢口は最上義光、仙道口は佐竹義宣、そして津川口(越後口)は前田利長がそれぞれ大将と決まった。津川口とは下越と会津の境目(現・新潟県東蒲原郡津川町)で、若松街道が通っている。利長の麾下には、堀秀治・同直政・同直寄・村上義明・溝口秀勝ら越後衆が従うことになった。

しかし、この軍令も七月十七日に西軍が結成されるという上方情勢の急変により、

第一部　太閤秀吉の死と豊臣政権の分裂

非常に流動的になった。この混乱のなか、七月二十六日、利長・利政兄弟はじつに二万五〇〇〇余人の兵を南に進めることに決した。この日、金沢を発した前田勢が中央の大軍だった。

この出陣にはいささか曖昧で疑問な点がある。それは家康の軍令を奉じての出陣なのか否かという点である。というのは、二十六日までに、家康から会津出陣取り止めという任務変更の軍令はまだ届いていない節があるからである。だとすれば、利長兄弟の独自の判断ということになる。

前田勢が進発した七月二十六日付で、家康が堀秀治（越後春日山三〇万石）に宛てた書状には、東軍先手衆がこの日に上方に向かい、自分も会津表の守りを固めてから上洛するつもりでいることを知らせている。そして秀治に対しても「その地仕置いよいよ堅固に仰せ付けらるべく候、肥前衆もこの時に候間、ずいぶん精を出さるべきの由に候、心安かるべく候」と指示している［徳川家康文書の研究中巻］。

引用中、「肥前衆」は利長勢を指す。つまり、東軍主力が上方に反転したことで会津表の守りが薄くなるのを不安がっていると思われる秀治に対して、「前田勢が出精する(しゅっせい)はずなので安心せよ」と家康が告げていることになる。となれば、家康は二十六日時点においても、まだ利長を津川口に出陣させるつもりでいたことになる。

なお現存する史料で、家康が利長に何らかの軍令を示したことが明確に判明するのは、土方雄久を八月一日に利長のもとに使者として向かわせたことである［加賀藩史料第一編］。

雄久は家康暗殺を企てたとして常陸の佐竹義宣に預けられていたが、家康はこれを赦免して金沢に遣わしたのである。家康が使者の人選にこだわったのには理由がある。雄久は芳春院の甥にあたる。前田家の親戚筋である雄久を許したのは、おそらく芳春院の希望に応えたものであり、家康の利長懐柔の意図がみえる。こうしてみると、二十六日の前田勢の出陣は家康の軍令ではなかった可能性が高くなる。

一方、当然ながら利長のもとには西軍からも同心を呼びかける誘いがあった。七月二十七日付で毛利輝元・宇喜多秀家の二大老連署により「秀頼様への馳走」を求める書状が届いている［右同書］。

また利長の老臣村井重頼の覚書にも「関原の時、秀頼様より大谷刑部少・増田右衛門などより御書を持たせ、お味方成られ候はば、北国七カ国進ずべき旨申し越し、金沢御殿にて相談」とあるように、大谷吉継と増田長盛からも西軍加担を勧誘する書状が送られている［右同書］。

二大老の連署状とは別に、西軍は秀頼の名で北国七カ国を与えるという具体的な恩

第一部　太閤秀吉の死と豊臣政権の分裂

賞まで提示していたというのである。この書状の日付がわからないが、二十六日以前であれば、同日の出陣とまったく無関係とはいえないような気がする。一説によれば、十五日にも「三成が廻文到来」したという。もっとも利長は「肯んぜず」と拒否したらしい［武家事紀巻之二十三］。

村井の覚書によれば、このとき、主だった家臣を集めて評定が開かれ、「ご陣立の時、お味方成さるも然るべきと申し上げられ候衆御座候」とあるように、重臣のなかには西軍につくべきだという意見が少なからずあったことは注目されてよい。

西軍に味方すべしと主張した重臣が誰かといえば、判明しているのは高畠定吉である。定吉は利家の代からの譜代重臣で、従五位下石見守に叙任され一万七〇〇〇石を領していた。また利家の末妹津世の婿でもあった［加賀藩史稿巻之四］。

利長は定吉の主張に不快感を露わにした。『象賢紀略』によれば、「殊の外利長公ご機嫌あしく、ご叔母婿に候へ共、跡もしかとお立てなく候。これは芳春院様お捨て候て、上方と一所にお成り候へと申され候事」とある。それほどいうなら、芳春院を捨てて上方に奔ればよいと、利長が色をなしたというのである［加賀藩史料第一編］。

これをもって、家中には異論があったけれど、利長が家康に味方することに決したと理解してよいのだろうか。

87

必ずしもそうはいえない。家康の軍令を奉じるつもりなら、越後方面への出陣を考えるべきはずなのに、実際は反対の方面に兵を進めている。かといって、西軍に味方したことにもならないと思う。利長が領国を空けて越後表に出陣すれば、その留守を挙兵した西軍に衝かれる恐れがある。利長はその点も考慮しなければならなかった。思うに、首鼠両端を持したというべきか、加賀南半や越前の切り取りをはざまにあって、自己利益を追求したのではないか。すなわち、東西両軍の対決のはざまにあって、自己の義理が立つといえなくもない。これは「北国七カ国」切り取り自由の約束を既成事実化しているようにもみえ、一方で津川口出陣への地均しをするための軍事行動にもみえる。東西両軍に

利長の曖昧で不可解な軍事行動に関して、池田公一氏が興味深い見解を示している。これに先立つ五月、会津出陣の風聞が立ったとき、大谷吉継が利長に「内府のお指図次第」に動けと指示しておきながら、今度は「秀頼様のため西軍に味方せよ」と矛盾したことを申し送ってきた。吉継の手前勝手な言動に利長が大いに不信感を抱いたというのである［池田二〇〇〇］。

吉継に対する遺恨により、利長が吉継の息がかかる越前への侵攻を試みたというのは興味深い解釈である。加賀南半から越前にかけて潜在的な敵対勢力を無力化できれ

ば、会津方面への出陣の自由も確保したことになる。利長としては一挙両得を狙った作戦だったといえるかもしれない。

もっとも、事は利長の望むようには運ばなかった。この出陣で、前田勢は丹羽長重（加賀小松一二万五〇〇〇石）と浅井畷で戦って敗北している。

丹羽長重が西軍に属していたかどうかは微妙である。石田三成は「五郎左（長重）は手前へ出人数（ママ）（致す？）抔と申すに付き」と西軍に味方していると認識している［軍記大成巻之六］。

一方、『寛政重修諸家譜』（以下、寛政譜と略す）の丹羽長重譜ではそれを認めず、戦後の改易処分に対して「これ利長さきの敗軍を憤り、をのれを譏せしなり」と憤記していると同時に、徳川秀忠との「積年のおしたしみ」を強調している。

浅井畷の一戦は、前田方の拡張主義に対して、丹羽方が自存自衛の行動に出たものと思われる。

そもそも、前年九月に利長謀反の噂が出たとき、長重は家康から加賀出陣の先手役を命じられていたくらいである。また前田家側の記録『袂草』によれば、利長の今回の出陣に先立ち、前田方から秀頼守護のため上洛するので、丹羽領通過の際、丹羽方に入質を要求している。両者で交渉が行われたが、条件が合わずに決裂している［加賀

藩史料第一編』。

丹羽方からみれば、交渉決裂は事実上の交戦状態に入ったに等しいととらえてもおかしくない。だから、これは東西どちらにつくかという以前の問題であり、前田勢の領内通過を指をくわえて看過できなかったものと思われる。

ともあれ、前田勢は八月三日、山口宗永父子のこもる大聖寺城を攻略し、その勢いで越前に打ち入れて金津に滞陣した。その大軍に恐れをなして、青木一矩（北ノ庄二〇万石）など越前の大名が恭順した。

しかし、八月五日、利長は突如、退陣に移った。その理由は利長の妹婿、中川光重（のち宗半）が金沢に帰国途中、吉継に強要された偽書をもって西軍の大挙北上を告げたのに驚いたからだとされている。

しかし、この書状は明らかに偽作である。『三壺聞書』『石川縣史』と『可観小説』［加賀藩史料第一編］に収録されたこの書状を比較してみると、文面が異なるだけでなく、重要な疑点がある。

まず前者では日付が八月十三日になっている。この日付の頃には利長はとっくに金沢に帰っている。また宛て所が「横山城州」（八月八日）は終わり、利長はとっくに金沢に帰っている。また宛て所が「横山城州」になっているが、横山長知が山城守の官途を名乗るのは元和三年（一六一七）九月に従

北陸をめぐる情勢

- ■ 東軍
- □ 西軍

能登
前田利政
七尾城

前田利長
835,000石
金沢城

越中

丹羽長重
125,000石
小松城
8/3
大聖寺城
浅井畷の戦い

山口宗永・修弘
60,000石

加賀

丸岡城
青山宗勝
46,000石

飛騨

8/5金津
青木一矩
北ノ庄城
大野城
織田秀雄
50,000石

戸田重政
10,000石
安居城
丹羽長昌
50,000石

越前

府中城
今庄城
堀尾吉晴
赤座直保
20,000石

美濃

敦賀城
大谷吉継
50,000石

若狭

五位下山城守に叙任されてからである。慶長五年当時は大膳という官途名だった［加賀藩史稿・横山長知譜］。

後者では、日付が八月三日である点はよいとしても、差出人が「中川宗半」になっている。光重が宗半と号するのは慶長十六年（一六一一）のことだから、これもおかしい［加賀藩史稿・中川光重譜］。

また右同書によれば、光重は八月三日の大聖寺城攻めで、利政の手に属して鐘ヶ丸という曲輪の壁を破る戦功をあげている。このことからも、光重が吉継の恐喝をうけたとするのは辻褄が合わない。

以上から、吉継が光重を利用した謀略説というのは成立しないことは明らかである。

では、利長退陣の本当の理由は何なのか。

まず考えられるのは、戸田重政（越前安居一万石）から急報がもたらされたことである。これは前田家側の『前田出雲覚書』にある。それによれば、次のような内容だった。

「一族の内記が三成と『衆道の知音』である関係から見捨てられない。しかし、前田家には『多年のご厚懇』があるのでお知らせするが、すでに西軍の諸勢が越前に向かっていること、家康公もまだ出勢していないのに、賀越の国境に出陣されて、前に大

敵、後ろに小松城をかかえて、『御一所』（利長）だけ上洛するのはいかがなものか。家康公と打ち合わせられてから、改めて出勢されたほうがよいのではないか」［加賀藩史料第一編］。

すでに三成と挙兵を打ち合わせた吉継が居城の敦賀(つるが)に帰り、越前の諸大名を寄騎(よりき)として糾合し、前田方の南下に備えていた。戸田重政もその一人だったが、多年の付き合いから利長に吉継らの動静を知らせたのである。

もっとも、これも吉継の差し金だった可能性が高い。重政の口から家康が上方に不出馬であると知らせると、利長はその情報の確度が高いと判断して、これ以上の南下を思い止まる効果を期待していた節もある。

なお、この重政の書状が先にみた中川光重のそれと混同されたともいわれている。というのは、光重と重政はともに官途名が武蔵守で、一説によると、重政も一時、中川姓を称したともいわれている［加賀藩史稿・中川光重譜］。

もうひとつ考えられるのは、家康が遣わした土方雄久が利長のもとに着到した可能性がある。家康じきじきの使者から会津表の情勢や家康の意向が伝えられたら、利長も慎重にならざるをえない。もっとも、徳川方の史料では、雄久が野州小山の家康のもとを発したのが八月一日だとするから、時間的には無理がある。

利政不出馬の理由

八月十日頃、利長はいったん金沢に帰ったが、すぐさま再征の支度にかかった。越前に集結しつつあった西軍諸勢が丹羽長重の小松城に入ったという知らせがあったからである。利長が領国防衛のためにも小松城を攻める必要があった。

そのため、利長は十三日付で能登七尾の弟利政に軍勢催促の下知状を送った。しかし、今度は利政が言を左右にして出陣に応じなくなった。そのうち、家康からの使者が来て、美濃口で合流すべき旨を伝えてきた［徳川家康文書の研究中巻］。

さらに家康からも何度か軍勢の催促があった。また赤坂に集結した東軍先手衆のうち、福島正則・細川忠興・加藤嘉明・黒田長政・藤堂高虎らからも岐阜城攻略を知らせてきた。これに対して、利長は黒田長政・藤堂高虎に宛てた九月三日付の書状で「一両日中に小松表急度相働くべき覚悟に候」と、小松城攻めの決意を披瀝している［加賀藩史料第一編］。

とくに家康が芳春院付きの老臣村井長頼に宛てた書状（八月二十六日付）は「北国の儀、切り取りに進じ候」とあり、利長の切り取り自由を認めた内容だった。しかも家康が三〇年ぶりに書いたという自筆のものだったから、長頼ひいては利長が恐懼し

第一部　太閤秀吉の死と豊臣政権の分裂

たに違いない[右同書]。

しかし、東軍諸将に約束した九月五日になっても利長は出陣できず、ようやく金沢を発したのは十一日のことだった。この遅延はひとえに利政の軍役懈怠によるものである。能登七尾二一万五〇〇〇石の利政の兵は前田勢の三分の一近くを占める。その不参は由々しき事態だった。なぜそのようなことになったのか。

利政は秀吉死後の慶長四年（一五九九）正月、秀頼警固の詰番衆（壱番）に任ぜられており、ことのほか豊臣家に対する忠節が厚かったとされる。また『象賢紀略』によれば、利長が帰国してから謀反の風聞が立ったとき、利政は帰国しないで鷹狩に興じて、両者の対立に無関心の体を装っていた。その様子を「ただものにはあらず」と報告したという[右同書]。

しかし、利政のサボタージュは、たとえば真田父子の進退のように、東西両軍に二股かけるといった政治的理由が存在したとは思えない。

利政が軍役拒否という挙に出た最大の理由は上方に残してきた「女共」だったと思われる。利政の正室は蒲生氏郷の女であるが、おそらく彼女の安否を気遣ったのであろう。

『国初遺文』によれば、これに先立つ六月十六日、利政は「田　清六」なる上方に住する人物に宛てて「女共北国へ罷り下る様、連々ご才覚頼み入り申し候」と、女房衆の帰国を取り計らってくれるよう依頼している［右同書］。

しかし、このとき女房衆の帰国はかなわなかった。帰国した大名は大坂に人質を置いておく決まり事を破れなかったものと思われる。利政はずっとこのことが気がかりだった。

一方、利長は江戸の村井長頼に宛てた書状でその苦衷を吐露している。「孫四郎（利政）の女共が上方に居ることについて、孫四郎が色々のいいわけをして能登に居座り、人数（軍勢）を出せないと言ってきたので、こちらも一応事情を話した。（九月）半ばには境目（国境）に出陣したいのに、このようなことでははかばかしくないこと、天に見放されたような気分だ。このような申し開きを内府（家康）にできるはずがないので、私の困惑ぶりを察してほしい」［右同書］。

利政はもし前田勢が東軍に合流して美濃表あたりで西軍と激突すれば、大坂に押し込められている自分の「女共」の身の上に何が起こるかわからないと心配し、ついには思いつめて兄から命じられた軍役を拒否したのである。

これに対して、秀頼に忠節を尽くすために家康に与（くみ）したくなかったのではないかという反論があるかもしれない。それなら建前でもそうすべきである。たとえ「女共」への心配が本音だとしても、それを表向きの理由にするとはふつう考えられない。利政が本音をぶつけてきたから、利長が嘆くのももっともである。

二〇万石の大名にはあるまじき言動と批判するのは容易だが、逆にいえば、利政の大名らしからぬ人間くささが感じられる。

戦後、利政は不参の罪で改易の憂き目をみたが、決して後悔しなかったのではないか。兄を通じて大名への復帰運動もせず、宗悦（そうえつ）と号して正室蒲生氏とともに洛北嵯峨（らくほくさが）野（の）に隠棲（いんせい）した。

もし関ヶ原合戦での軍役拒否が豊家に対する忠節といった政治的理由であったなら、利政は大坂の陣のとき、豊臣方に馳せ参じたのではないか。そのような行動にも出ていないから、利政はあくまで風流と享楽に生きたかったと思われる。

第二部 関ヶ原前哨戦
―小山評定から家康赤坂着陣―

① 家康はなぜ小山・江戸に長く留まったのか

小山評定――家康の計算違い

　家康は会津表出陣のため、六月十六日に大坂を発ち、七月二日に江戸に到着した。江戸を発（た）ったのは同月二十一日で、二十四日には野州小山（やしゅうおやま）に到着している。

　この頃には、家康が企図した対上杉包囲網は津川口を除いてととのいつつあった。

　たとえば、信夫（しの）口から上杉領に侵攻した伊達政宗（だてまさむね）は家康が小山に着陣した翌二十五日に上杉方の白石（しろいし）城を攻略している。棚倉（たなくら）口の佐竹義宣（よしのぶ）、米沢（よねざわ）口の最上義光（もがみよしみつ）らも布陣を完了しつつあった。

　津川口に関しては、主将たる前田利長（としなが）の未着の一方で、上杉旧臣の一揆（いっき）による攪乱（かくらん）作戦が始まっており、堀秀治（ひではる）がその鎮圧（ちんあつ）に乗り出していた。

　そういう戦況下で、家康・秀忠父子（おやこ）が白河口（しらかわぐち）に着陣した。父子の率いる一門・譜代（ふだい）衆

第二部　関ヶ原前哨戦——小山評定から家康赤坂着陣

に豊家譜代の諸大名を合わせると、「都合六万九千三百」とも「八万一千人」ともいわれる［朝野旧聞裒藁同年七月二十四日条、軍記大成巻之六］。

家康の着陣とともに、宇都宮に在陣していた秀忠はじめ諸将も小山に来て、軍評定が開かれた。これが有名な小山評定である。

ただ、小山評定が開かれた期日については、二十四日と二十五日の二説がある。『史料綜覧』では二十四日に綱文を立てているが、最近では二十五日説がとられているようである［徳川家康文書の研究中巻ほか］。

評定が開かれるきっかけは、二十四日夜に届いた伏見城代の鳥居元忠からの使いにより上方情勢の急変を知ったからであり、秀忠や諸将の多くが在陣する宇都宮と小山の距離（約二八キロ）を考えると、評定が開かれたのは翌二十五日としたほうが自然である。

小山評定のいきさつについてはよく知られているので割愛する。問題にしたいのは、評定で西軍挙兵についての情報がどの程度共有されたうえで、上方への反転が決断されたのかということである。

ポイントは七月十七日付で発せられた「内府ちがひの条々」がすでに東軍諸将に伝達されていたかという点にある。従来、このことは軽視されているが、意外と重要だ

と思う。西軍の陣容がどの程度だったのか、その把握に大きな違いが生じれば、小山評定の成り行きももう少し違ったものになったかもしれないからである。

家康の同朋衆板坂卜斎の『慶長記』によれば、石田三成と大谷吉継の共謀を家康の側近永井直勝にひそかに注進した増田長盛の書状が届いたのが、七月十九日申の刻（午後四時）である。家康がまだ江戸にいるときだった。この書状は写しがつくられて、宇都宮に向かっている諸将に回覧された。

この情報に加えて、伏見城代の鳥居元忠らの使者が七月二十四日に小山に着到していた。それによれば、西軍から伏見城明け渡しを求められており、開戦間近であることなど、十八日時点における上方の緊迫した状況を知らせていた［笠谷一九九四、朝野旧聞裒藁同年・七月二十四日条］。

この元忠からの注進のなかに「内府ちがひの条々」が含まれていたかどうか微妙である。私見では、その後の家康の動揺ぶりから考えて、この時点では、家康はまだ知らなかった可能性がある。

『朝野旧聞裒藁』によれば、二十四日夜、鳥居元忠・内藤家長らの使者浜島無手右衛門がやってきたが、小者・中間の身なりのうえに、元忠の書状も持参しておらず、本多正純ずみに口上を述べただけだったという［第十巻・同日条］。その口上の内容は不明であるが、

第二部　関ヶ原前哨戦──小山評定から家康赤坂着陣

いずれにしろ、家康周辺はその情報の精度を十分に把握できていなかった可能性が高い。

その根拠として、まず黒田長政宛て家康書状を挙げたい。これは七月二十九日付だから、小山評定ののちのものであり、上方に向かう途中の長政を家康が相談のため急遽、小山に呼び戻した書状であり、「先度お上り以後、大坂奉行亦別心の由申し来たり候間、重ねて相談せしむべきと存じ候」云々とある〔徳川家康文書の研究中巻〕。

東軍先手の諸大名が上方に反転してから、大坂奉行がまた二心を抱いたというのである。「亦」が重要であり、すでに七月十九日、奉行の増田長盛が三成・吉継の謀議を急報してきていたのに、ふたたび心変わりしたことに、家康が驚いているのである。

つまり、家康は小山評定の時点で、二大老と三奉行が西軍挙兵に加わっていたことや「内府ちがひの条々」の中身を知らなかったのではないかと思われるのである。

また、榊原康政が小山評定の二日後の二十七日付で出羽秋田の秋田実季に宛てた書状にも次の一節があった。

然るは上方に於いて、石治少（三成）・大刑少（吉継）、別心仕るに付きて、大坂より御袋様并びに三人の奉行衆、北国羽肥州（前田利長）など、早々内府上洛致さるる尤もの由申し来たり候間、右の別心仕る両人成敗のため、今度此方ゑお下

り候［右同書］。

　敵を過小に、味方を過大に見せる宣伝文書でないとは言い切れないものの、榊原康政がこの時点でなお、敵を三成・吉継の二人だけに限定しているばかりか、増田長盛ら「三人の奉行衆」を味方だと認識している点は注目すべきであり、「内府ちがひの条々」の存在を小山評定どころか、その二日後になっても、榊原康政が知らないでいた可能性が高い。

　また傍証のひとつとして、細川忠興の夫人ガラシャ自害の一件がある。この事件は「内府ちがひの条々」が発せられたのと同日の十七日に起きている。細川家の記録によれば、忠興がガラシャの自害を知ったのは、小山評定ののち上方に向けて発した二日目の二十七日のことだった［綿考輯録巻十二］。

　同書にはもっと注目すべき記述もある。二十七日、忠興主従が「上箸」宿に到着したとき、家康の飛脚が来て、加藤嘉明を同道して小山に引き返すよう伝えた。忠興がわずかな近習だけを連れて小山に引き返すと、家康は「最前は上方ご出馬と仰せ出され候へども、上方一統せし上は、先づ江戸ご在城ありて、今迄のご領分をお持ち堅めあるべし」と命じたというのである［右同書］。

　つまり、小山評定で上方出馬と決めたけれど、その後、「上方一統」が成るという新

第二部　関ヶ原前哨戦——小山評定から家康赤坂着陣

たな事態が起こったので、とりあえず江戸に止まるようにと家康が命じたという。「上方一統」とは、三成・吉継だけでなく、二大老・三奉行はじめ西国の諸大名が挙兵したことを指しているのはいうまでもない。

もっとも、これに反駁する史料もないわけではない。『慶長記』には「廿四日内府ちがひの条々と十三ヶ条の書он上方より越し候」とある。同書は比較的信頼のおける史料だが、この前後のくだりに関しては、とくに日付の混乱が多々みられる。

たとえば、家康が江戸に着いたのを六月三十日、小山着陣を七月二十三日、小山評定を同月二十七日としている。いずれも通説とくらべて一日ないし二日のズレがあって、いまひとつ信が措けない。

なぜこの点にこだわるかといえば、「内府ちがひの条々」の発給主体は三奉行と二大老だったからである。家康は上方謀反と聞いて、三成と吉継を首魁にして、それに一部の大名が加担した程度だとはじめは判断していた。

ところが、実際は豊臣「公儀」の中核である三奉行と二大老が加わっていたから、その陣容は家康の予想以上に盛大だったわけである。とくに、輝元と秀家の二人は在国していたはずで、その名代が会津表に参陣する予定になっていたから、家康は大きな判断ミスをしていたことになる。

ともあれ、小山評定の結果、「諸将みな上杉は枝葉なり。浮田・石田等は根本なり」[東照宮御実紀巻四] ということで、上杉方に備えながら、主力は上方に反転することに決した。それに伴い、豊家譜代の諸大名が先手衆として西上することとなった。なかでも「清洲・吉田両城は敵地に近きをもて、正則・輝政先陣あるべし、引きつづき先手は清洲に着陣し、我が父子出馬を待つべし」となって、福島正則と池田輝政を両先手に指名された。そして翌二十六日から先手の諸勢が続々と西に向かった [右同書]。

家康の手紙作戦から見えるもの

東軍の先手衆が上方に向かったのちも、家康は八月二日までの数日間、小山に居残った。上杉方に対する備えを厳重にしておく必要があり、また主力の転進により、対上杉包囲網に参加している諸大名の不安を除去しておく作業も必要だった。

家康が小山を発する八月二日付で伊達政宗に宛てた書状には、先手衆が清洲まで進出する予定であり、東海道の主だった城には守備兵を置き、それぞれの城主から人質を取っていることを知らせながら、「中納言、この地に差し置き候条、万事ご相談あるべき事」と記して、秀忠が白河表の総大将として残るので、何事も相談されたいと申

第二部　関ヶ原前哨戦——小山評定から家康赤坂着陣

し送っている。

これは対上杉包囲網の要である政宗に対する配慮であるのは間違いない。嫡男秀忠を自分の名代として宇都宮に残しておくことで、会津表の仕置を決しておろそかにしないという意思表示だった。

家康が江戸に戻ったのは八月五日である。それから九月一日に進発するまでの一カ月近く、家康はずっと江戸に留まったままだった。その間、先手衆は十三日に清洲入城を果たして家康の着陣を今か今かと待っていた。一方、宇都宮に留まっていた秀忠勢も二十四日には家康の命をうけ信州へ向かっている。

なぜ家康は江戸を動かなかったのか。否、動けなかったのである。それは二つの理由からだった。ひとつは、東海道を進軍している豊家譜代の諸大名の去就に改めて疑念が生じていたこと。もうひとつは対上杉包囲網に参加している諸大名が万が一の事態のため、家康の江戸滞陣を望んでいたことである。

ひとつ目からみてみよう。家康は小山評定で福島正則はじめ豊家譜代の諸大名の去就を確認したつもりだったが、新たな情報が上方からもたらされたことにより疑心暗鬼にとらわれた。

小山評定ののち、家康がしばらく小山に留まっている間に、「内府ちがひの条々」に

接して衝撃をうけたようである。首謀者の三成・吉継に二大老・三奉行が加担したと知って、福島正則の向背がふたたび気になり出した。七月二十九日、家康は側近の奥平貞治を遣わして、信任する黒田長政を急ぎ小山に呼び戻している［徳川家康文書の研究中巻］。

すでに武蔵の厚木まで達していた長政は何事かと思って小山にとって返した。『長政記』によれば、家康が「福嶋は何方へ心を属し候や。秀吉にしたしき者なれば、敵方には成りまじきか」と尋ねた。これに対して長政は「左衛門大夫事、御方（家康）に属し申すべくと存じ候。殊に石田と中あしく（仲悪しく）候」と答えた。その後、正則が清洲城を明け渡すかどうかも確認したうえで、家康はようやく満足したという［黒田家譜第一巻・巻之十］。

また『大三川志』によれば、「正則は太閤の恩顧に依りて列侯となり、殊に秀頼の親戚なる故に一旦三成を憎み、神祖（家康）に与力すとは雖も、遂に秀家に勧められ心を変ずる事も有らんと密かに疑慮もあらせられ」云々とあって、正則が宇喜多秀家に説得されるのではないかと家康が恐れていたという［朝野旧聞襃藁九月一日条］。

もうひとつの理由だが、上方反転と決したといっても、これに備える諸大名の間には、家康の不気味で、佐竹義宣の向背も定かではなかったから、上杉景勝の動向がなお不気

の江戸帰還を不安がる大名も多かった。

佐竹義宣（常陸水戸、五四万石）も表向き、家康の軍令を奉じて白川郡棚倉まで出陣してはいた。しかし、牢人を集めるなど不穏な動きがあった。もともと、佐竹氏は豊臣政権との関係が三成を取次として結ばれており、太閤検地もまた三成が総奉行をつとめるほど親密な間柄にあった。

家康は小山に着陣する前後に二、三度、義宣に使者を送っている。一度目は二十三日に嶋田重次が行き、二度目は二十四日に古田重然と嶋田重次の二人が義宣に人質を出すよう要求している。これに対して義宣は「かつて小田原の北条氏と堪忍できない関係にあったが、当時、（北条氏と姻戚だった）家康公に対して異義を申し上げたことがあろうか。人質として進上するほどの者は上方に置いてきたので、さしあたり進上できる者は一人もいない」と拒否したという〔慶長記上〕。

それからほどなく、義宣は上杉方と通じている。西軍が上方で挙兵したことを知り、意を強くして上杉方との連携を強化しようとしたのである。直江兼続が支城主の岩井信能（のぶよし）に宛てた書状（八月五日付）には注目すべき一節がある。

佐竹より使者昨日罷り越し候、義宣よりお断りの如きは、今度上方の儀に付きて、内府より證人（しょうにん）乞われ候えども、通わずと申し切り候条、定めて手切れこれあるべ

家康の手紙作戦（7月26日～9月1日）

個別大名宛ての頻度　（■：1通）

[A群]
東海道西上の諸大名
59通（48.4％）

福島正則	■■■■■■■■■■
池田輝政	■■■■■■■■
黒田長政	■■■■■■■
浅野幸長	■■■■■■
藤堂高虎	■■■■■
田中吉政	■■■■

111　第二部　関ヶ原前哨戦——小山評定から家康赤坂着陣

```
前田利長　■■■（村井長頼を含む）
妻木頼忠　■■
京極高次　■■
遠藤慶隆　■■
加藤貞泰　■■
```

[E群]
その他
21通（17.2％）

[D群]
大坂周辺駐在の
諸大名
3通（2.5％）

```
森　忠政　■■■■
真田信幸　■■■
┌山村良勝　■■■
└千村良重
```

[C群]
中山道組の諸大名・
諸将
13通（10.6％）

[B群]
対上杉包囲網に
関わる諸大名
26通（21.3％）

```
伊達政宗　■■■■■■
最上義光　■■■
堀　秀治　■■
堀　直寄　■■
堀　親良　■■
```

く候、左様に候えば、ご加勢申し請けいたしとの事に候条、この儀は深々請け乞い、使者返し申し候」[直江兼続伝]。

家康からの人質要求を拒絶したというのは『慶長記』の記事と符合するだけでなく、これが佐竹氏と家康との「手切れ」(外交断絶)を意味してもいた。そして兼続は義宣から加勢の要請を受諾したことを明らかにしている。これは事実上、上杉・佐竹同盟の成立を意味していた。

このような佐竹氏の不審な動向も、家康が小山に留まった一因であろう。笠谷和比古氏によれば、家康が定めた関東方面における諸大名配置は、対上杉だけでなく、対佐竹も視野に入れた布陣になっており、結城晴朝・松平信一・松平忠利・由良国繁ら主に下総や常陸南半の大小名がこれを受け持っていた[笠谷一九九四]。

小山評定(七月二十五日)から江戸進発(九月一日)まで、家康の脳裏にあった戦略や関心・懸念がどのようなものであったかを知る手がかりとして、この期間に大量に発給された書状・文書を少し分析してみた[前頁の図参照]。

この三六日間に、家康名義で発給された書状・文書はじつに一二二通にのぼる。一日平均三通強送った計算になる。これを宛て所別に次の五種類に分類してみた。これらの書状・文書の多くは大名家に残るもので、幕末まで続いた家と中途で断絶した家とで

は保存条件が異なるかもしれないが、ある程度の目安にはなると思う。

［A群］　東海道西上の諸大名　　　　　　五九通（四八・四パーセント）
［B群］　対上杉包囲網に関わる諸大名　　二六通（二一・三パーセント）
［C群］　中山道組の諸大名・諸将　　　　一三通（一〇・六パーセント）
［D群］　大坂周辺駐在の諸大名　　　　　三通（二・五パーセント）
［E群］　右記以外の者　　　　　　　　　二一通（一七・二パーセント）

　約半数が東海道西上の諸大名に宛てたものであり、二割強が対上杉包囲網に関わる諸大名に宛てたものである。このあたりに、当時の家康が抱いていた関心や懸念の度合いが反映しているように思われる。

　個別にみていくと、［A群］のうち、両先手の一人とされた福島正則が一〇通と多く、次いで、もう一人の先手である池田輝政、家康の信任厚い黒田長政らがつづいている。とくに福島正則に対する家康の気の遣いようはかなりのもので、一日に二通も送ったこともある。また六通が単独の宛て所と多く、連名の場合も正則を筆頭に挙げている。

　［B群］では、やはり伊達政宗宛てが頭抜けて多い。これも政宗が対上杉包囲網の中

心的な位置にあるからであろう。また堀秀治・同直寄・同親良の一族三人合わせると六通で、政宗宛てと並ぶのも、上杉方の動向との関連で越後の帰趨がやはり重要だったことを示している。

このうち、政宗宛ての書状を少し詳しくみてみよう。

八月十二日付書状では「上方を打ち捨てて会津表を優先する覚悟だったが、福島・池田・細川らが上方の仕置を命じてくれないと困ると再三申し入れてきたので、ひとまず江戸に帰陣した」と、政宗らが望まなかったであろう江戸帰還を釈明している。

同月二十二日には、有名な「百万石のお墨付き」といわれる所領宛行状を発給している。この所領（七カ所、約五〇万石）はいずれも秀吉の奥州仕置以前には政宗の旧領だった。政宗はすでに七月二十五日、上杉方の白石城を攻略しており、「お墨付き」にはその恩賞という意味はむろん、政宗を信夫口や仙道筋の攻略のために江戸に帰還した好餌という狙いもあった。政宗の本格的関与を引き出せれば、家康が江戸に帰還したことで生じた対上杉包囲網の弱さを補強でき、上杉勢の関東侵攻を抑止できる効果も期待できた。

「百万石のお墨付き」だけでは安心できなかったのか、翌二十三日付の書状では「尾張表のほうは福島正則がいるのでご安心いただきたい。彼らがひと働きするというの

で、江戸進発は延引した」と政宗に伝えている。会津方面を決しておろそかにしないという家康一流のポーズであろう［徳川家康文書の研究中巻］。

家康は会津表と東海道筋という両方面からの相反する要求に苦慮して身動きできずにいた。上杉景勝に備える諸大名は後詰・後ろ盾として家康の江戸滞陣を望み、清洲に入城した先手衆は矢のように家康の出馬を催促してきていたからである。

清洲に入った先手の諸大名の焦りと苛立ちは大きく、主戦派の正則は「ご出馬なきは劫のたてかへ（立て替え）に遊ばされ候」と言い放ったほどである［慶長記上］。「劫の立て替え」とは、囲碁の戦術のひとつで、大局のために自分の石をわざと捨てて敵に取らせることである。正則は家康が自分たちを見殺しにするつもりなのかと立腹していた。

とくに八月十日には、伏見落城（八月一日）の知らせが家康に届いていた。意気あがる西軍が美濃から尾張表に殺到してくるのは時間の問題になったわけで、家康は否応なく上方への対処を迫られたわけだが、それは自身の西上ではなく、家来の村越直吉を清洲に急派することだった。

家康の命令を忠実に復誦した直吉の逸話はよく知られている。正則が「劫の立て替え」かと叫んだ二日後の十九日、村越が清洲に到着して家康の言葉を伝えた。

「おのおの方が手出しをされないゆえ、ご出馬されないのであり、手出しさえあれば、急ぎご出馬されるであろう」[慶長記上]

細川家の記録によれば、もっと語調が強い。「敵味方の証拠を見せ候へ。初度の合戦利あらずとも、跡は心安かるべく候」と直吉が申し渡したという[綿考輯録巻十四]

福島はじめ先手衆は家康に去就を疑われているのかと驚いて、さっそく岐阜城攻めに決したことはよく知られている。

この逸話は家康の悠揚迫らざる風格を示したものだとされるが、これまでみてきたように、それほどの余裕があったとはとても思えない。じつをいえば、直吉の逸話には異説がある。直吉が豊家譜代の諸大名に家康の口上を伝える前に、先手衆の軍監である井伊直政・本多忠勝と打ち合わせをした。そのとき、直吉は家康から次のように告げよと命令されたという。

「速（すみ）やかに出馬すべきだと内々に用意しているけれども、このほど少し風邪（かぜ）を引いたので、急な出馬は無理である。清洲ではまず越度（おちど）がないように取りはからえ」

その後、直吉は諸将にそのように告げた。直政と忠勝は諸将がどのような反応を示すか「手に汗を握り」注視していたが、加藤嘉明（よしあき）が「今度、味方となった証拠を表せば、内府殿も出馬されるであろう」とうまく引き取ったので、その場が見事に収まっ

たという［軍記大成巻之十六］。

こちらの話が家康の本音に近かったのではないか。つまり、直吉の派遣は体のよい時間稼ぎだった。家康はこの時点で、出馬できない口実として仮病(けびょう)を装う必要さえあったのである。

家康がようやく愁眉(しゅうび)を開いたのはその三日後の九月一日だった。岐阜城攻略の急報を聞いてからである。家康が出陣したのは八月二十七日、西の突破口が切り開かれたことが出陣のきっかけになったのは明らかである。

2 徳川秀忠の中山道進軍の目的は何か

白河口の総大将だった秀忠

 中山道を進んだ徳川秀忠は真田昌幸が守る信州上田城の攻略に手こずった挙句、関ヶ原の本戦に遅参してしまったので、家康の叱責を買ったというのが通り相場になっている。そうした評価を反映してか、TVドラマなどでも、父に似合わぬ不肖の武将として描かれることが多い。
 結論からいって、このようなマイナス評価は秀忠にとって酷というものである。秀忠勢は上田城の攻略いかんにかかわらず、関ヶ原合戦には時間的に間に合わないような運命にあったのである。これは秀忠の責任ではない。
 七月十九日、会津表出陣のため、秀忠は家康に先立って江戸を発ち、二十二日に宇都宮に到着し、氏家原に陣を構えた。二十五日の小山評定で、豊家譜代の諸大名が上

第二部　関ヶ原前哨戦――小山評定から家康赤坂着陣

方へ反転することに決したが、秀忠はそのまま宇都宮に滞陣した。

小山評定から二日後の二十七日、秀忠の差し添えである榊原康政が出羽秋田の秋田実季（さねすえ）に宛てた書状には「この表（宇都宮）の仕置は、武蔵守（秀忠）に申し渡され候」とあり、家康の命で秀忠がこの方面の総大将に任命されている［徳川家康文書の研究中巻］。

さらに、家康が江戸に帰したのち、秀忠はなおその任にあった。家康が江戸に帰還した二日後の八月七日、伊達政宗に宛てた書状には「当表の儀、中納言（秀忠）宇都宮差し置き、佐竹談合せしめ、白川表へ相働くべき由申し付け候」とある［右同書］。

従来、小山評定後の宇都宮方面の守備は結城秀康に任せられたと思われがちであるが、決してそうではない。秀康がその任にあたったのは小山評定から約一カ月後、秀忠勢が宇都宮を進発した八月二十四日からである。この点について、藤井讓治氏は次のように指摘している。従うべきであろう。

「こうした政宗らへの家康の通達が相手を欺く戦略でない限り、秀忠の任務は宇都宮仕置であり、従来小山の評定で秀忠が大将として一軍を率い中山道を西上することが決定されたとされる点については極めて疑わしい」［藤井二〇〇〇］。

信州平定から西上への任務変更

 では、秀忠勢が宇都宮を離れて中山道を進むことになったきっかけと、その任務は何だったのだろうか。

 秀忠が上洛をはじめて口にしたのは、藤井譲治氏も指摘するように、八月十三日付の浅野幸長宛て書状のなかで「爰許隙明き次第早々上洛せしむべき候」が初見である[徳川家康文書の研究中巻]。ただ、この時点では秀忠の漠然たる願望の表明にすぎないし、上洛ルートが中山道に限定されてもいない。宇都宮進発は秀忠の独断ではなしえず、あくまで家康の軍令次第だったというべきだろう。

 秀忠勢の進発時期はやはり濃尾表の情勢と関連していた。すでに豊家譜代の先手衆は八月十四日には清洲城に集結していた。また家康の使者村越直吉が清洲城に到って東軍諸将を督戦したのが十九日で、直吉が江戸に戻って復命したのが、伊達政宗宛て家康書状（二十三日付）によれば、二十一日である。

 秀忠が宇都宮を発したのが二十四日だから、東軍先手衆の動向を伝えてきた直吉の帰還を直接のきっかけとするのは時間的にギリギリながら成立すると思われる。『大三川志』八月二十三日条によれば、この日、家康が大久保助左衛門忠益を宇都宮に遣わ

第二部　関ヶ原前哨戦——小山評定から家康赤坂着陣

し、秀忠に「万事を捨て上洛し給ふべし」と命令したとある［朝野旧聞裒藁同年八月二十三日条］。

　家康は清洲城中の東軍諸将の士気と結束を確認し、岐阜城攻めが近々決行される形勢を見極めたうえで、秀忠に進発を命じて、中山道筋でも攻勢に出ようとしたものと思われる。

　ただその際、そのまま中山道を西上して美濃表に進出せよという軍令ではなかった。この点はこれまで見過ごされていたきらいがある。近年の笠谷和比古氏や藤井讓治氏の先行研究も指摘するように、それは信州上田城にこもる真田昌幸を攻めるのが当初の任務だったというべきである［笠谷一九九四、藤井右同論文］。

　秀忠が上州沼田城主の真田信幸に宛てた書状（八月二十三日付）には「仍て廿四日にこの地を罷り立ち、ちいさ形（小県）へ相働き候条、その分お心得候て、彼の表へご出張あるべく候」とあり、秀忠は信幸に昌幸の所領小県への出陣を命じている［真田家文書上巻、五八号］。

　同様に、秀忠が岡田善同（織田信雄の元家老）に宛てた書状（八月二十三日付）にも「当面（宇都宮）隙明き候間、信州真田表仕置のため、明廿四日出馬せしめ候」とあり、真田昌幸を攻めると明言している［徳川家康文書の研究中巻］。

これが秀忠だけの独断ではないことは、家康が浅野長政に秀忠の指南役を依頼した書状（八月二十四日付）に「中納言（秀忠）、信州口へ相働かせ候」云々とあることからも明らかで、家康は秀忠に信州平定とくに上田城攻略を命じたのである［右同書］。

では、家康が秀忠勢の任務を信州平定から中山道西上に変更したのはいつなのか。やはり、岐阜城攻略の急報が届いた八月二十七日が契機だったと思われる。家康が浅野長政に宛てた八月二十八日付の書状には「中納言は、中山道を相働き申し候間、ご同道なされ、ご異見共頼み入り候」とあることが、上田城攻めから中山道西上への任務変更を示唆している［右同書、藤井右同論文］。

二十九日、家康の命をうけて使番の大久保助左衛門忠益が信州に向かった。忠益は去る二十三日、秀忠に宇都宮進発を命じたときも使者に立っている。この派遣について「これは明日のご出馬を秀忠公へ仰せ進ぜらる」とある。これだけなら、家康の九月一日出陣を伝達に行ったという意味だが、東海道と中山道の同時西上を命じたとして大過ないであろう［朝野旧聞裒藁同年八月二十九日条］。

しかし、ここで大きな誤算が生じていたことに家康は気づかなかった。江戸を発した家康が九月六日、遠州島田宿に達したとき、美濃赤坂に陣している福島正則に宛てて「秀忠はおそらく十日時分にはその地まで参るであろう」と書状を送った。だが、

その時点でなお、家康の使者は秀忠のもとに到着していなかった。
忠益がようやく信州小諸の秀忠陣に着いたのは、じつに九日のことだった。出発してから十日も経過していた。これだけ遅延したのは、折からの大雨で利根川が大増水して川止めになっていたからである。

家康にとっては痛い計算外だったし、秀忠も暗澹たる気分になったに違いない。秀忠は上田城に対する備えに信州の諸大名を充てたうえで、十日、小諸を発した。しかし、中山道は名にし負う険路で、折からの大雨で街道は泥濘と化して秀忠勢の進軍を妨げた。『台徳院殿御実紀巻一』には「この程秋霖（秋の長雨）日を重ね、諸方の溪水みなぎり、従駕の諸軍木曾川をわたりかね、留滞する事三日なり」とあるほどである。

秀忠が九月十四日付で藤堂高虎に宛てた書状には「我等事、随分いそぎ候へ共、路次中節所（難所）ゆえ、遅々として由断（油断）するに相似、迷惑せしめ候」とか「去りながら夜中を限らず罷り上り候」とあって、悪戦苦闘の進軍ぶりが察せられる〔高山公実録十〕。

必死の努力にもかかわらず、結局、秀忠は関ヶ原合戦に遅参するという失態を犯した。そのうえ、激怒した家康から一時は面会さえ拒絶されて、大いに面目を失った。

秀忠のために弁護すれば、使者の予想外の遅着こそが遅参の決定的要因であるとい

えよう。結果論になるが、その不運はすでに時間的な挽回を不可能にしていた。秀忠がいくら奮闘しても関ヶ原合戦にはとても間に合わなかったのである。その意味で、秀忠の失態として過度に評価するのは酷である。

冷却期間を置いてみると、家康も内心、秀忠の立場を十分理解したものと思われる。秀忠の家督継承者としての地位に変動がなかったことにもそれはよく表れている。ただ、何らかのけじめは必要だった。秀忠を傷つけないとすれば、それは補佐役の老臣が対象となるのは当然である。

戦後の論功行賞では、譜代老臣の榊原康政・本多正信・大久保忠隣をはじめ万石以上の大名のほとんどが禄高を据え置かれた。この事実に、中山道組に対する家康の冷めた評価がほのみえる[次頁表参照]。

中山道組のなかでは例外的に、真田信幸だけが格段の厚遇をうけている。これは遅参問題とは無関係に、西軍に加担した父昌幸、弟信繁とは異なる進退を示したことが、家康に忠節として評価されたためであろう。

付言すれば、遅延した使者の大久保忠益も処罰された形跡はない。自然現象には抗しえないと判断されたのであろうか[寛政譜第十一巻、大久保忠益譜]。

秀忠軍参陣大名の論功行賞

【譜代大名】

榊原康政	上野館林100,000石	→	据置
大久保忠隣	相模小田原45,000石	→	据置
本多正信	上野八幡10,000石	→	据置
高力忠房	武蔵岩槻20,000石	→	据置
諏訪頼水	上野総社12,000石	↗	信濃高島27,000石
小笠原信之	武蔵本庄10,000石	→	据置
（本多忠政）	忠勝嫡男	—	（弟忠朝に上総大多喜 50,000石加増）
酒井家次	上野臼井30,000石	→	据置
牧野康成	上野大胡20,000石	→	据置
本多康重	上野白井20,000石	↗	三河岡崎50,000石

【准譜代・外様大名】

石川康長	信濃松本80,000石	→	据置
真田信幸	上野沼田27,000石	↗	信濃上田115,000石
森　忠政	信濃松代127,000石	→	据置
仙石秀久	信濃小諸57,000石	→	据置
日根野吉明	信濃高島15,000石	→	据置（下野壬生15,000石） （一説には減封ともいう）

③ 徳川軍の主力は家康勢か秀忠勢か

量的には家康軍団が上

九月十一日、家康は尾張清洲に達した頃、中山道の秀忠勢が未着であることを知って愕然(がくぜん)とした。去る六日、駿河島田まで進出した家康は福島正則に秀忠が十日前後には美濃表(おもて)に着到するという見通しを告げていたが、それがまったくの誤算となったことに、家康は気づいたのである。

家康は苦悩の末、秀忠勢が未着のまま決戦に臨むことを決断したとされるが、決戦前日の九月十四日まで、家康の決断はまだ流動的だったのではないかと思っている(この問題については後述)。

さて、東海道と中山道を分進した徳川軍のうち、家康勢よりも秀忠勢が主力だったという解釈が近年盛んになってきた。その主唱者は笠谷和比古氏である。同氏によれ

ば、「徳川直属軍のうち秀忠隊と家康隊の兵数自体はともに三万人台で大きな差は見られないものの、その質的な差、軍団の構造的な差においては歴然たるものがある。秀忠勢が直属の旗本備の他に、十人余を数える万石以上の部将たちをひきいて、独立の備を多数構成しうる本格的な軍団であるのに対して、家康隊というのは大身武将を欠如した『旗本の侍共ばかり』からなる寄せ集め的で、防御的な部隊であったと解されるのである」［笠谷一九九四、一二〇頁］。

たしかに、笠谷氏も指摘しているように、家康自身が『岩淵夜話』で自軍が「旗本の侍共ばかり」だったことを認めている。

しかしながら、家康・秀忠の両勢はもともと、会津討伐という戦略目的のために前軍・後軍と分けて編成されたものであるから、その任務や役割がそれぞれ異なっていると同時に、陣立構成としては一体かつ不可分の関係にあった。だから、両勢の量的・質的な優劣を論じることはさほど意味をなさない。そして、この両勢がその後の情勢の変化により分割され別の任務に従事することになった。となれば、その戦略目的に従って、別個に陣立が再編成されるのもまた当然である。

まず、本戦に先立つ会津出陣での徳川軍の軍団編成について、笠谷氏は「関ヶ原合

戦の軍陣構成は、この会津討伐軍の軍隊編成のあり方に基本的に由来しているのである」とする[笠谷右同書]。

このとき、前軍となった秀忠勢は徳川譜代の諸大名を中核に、信濃と下野・上野の大小名が付属するという軍団構成であった。これに対して、後軍の家康勢は譜代旗本衆に豊臣系諸大名が付属するという軍団構成になっていた[朝野旧聞裒藁同年七月十九日条]。

このうち、前軍の主要部分が中山道に向かい、後軍のほとんどが東海道を西上したことは大まかそのとおりだが、仔細にみると、必ずしも笠谷氏の所説を裏づけているとはいえない。小山評定ののち、前軍の先手を構成した諸大名は以下のように再編成された[朝野旧聞裒藁同日条]。

①宇都宮残留組
　結城秀康・蒲生秀行・皆川信政・成田氏憲・佐野信吉・水谷勝俊
②西軍呼応組
　真田昌幸・同幸村・山川朝信
③家康勢編入組
　松平忠吉・井伊直政・本多忠勝・松平忠政（奥平信昌三男）・松平清匡（のち忠

④秀忠勢残留組

榊原康政・真田信幸・石川康政・仙石忠俊・森忠政・日根野吉明・酒井家次な
ど。

前軍のうち、②西軍呼応組を除外しても、かなりの大名が他方面に抽出されたこと
がわかる。その結果、前軍から後軍の家康本隊の再編成によって、必ずしも「旗本の侍共ばかり」だったので
家康本隊は江戸帰還後の再編成によって、必ずしも「旗本の侍共ばかり」だったので
はなく、相応の質的・量的な増強を遂げたともいえよう。逆にいえば、秀忠勢は会津出
陣時よりも質量ともに相対的に弱体化していることになる。

この編成替えの結果、中山道の秀忠勢は信濃の外様大名を先手もしくは嚮導とし、
譜代大名と旗本衆とで本隊を構成する混成軍団となった。また東海道の家康勢も同様
で、豊臣譜代衆を先手軍団(井伊直政・本多忠勝が軍監として統制)としながら、一
門・譜代の大名と旗本で固めた家康本隊が後続となっており、同じく混成軍団であるこ
とは共通している。

笠谷氏の所説との関係上、あえて両勢の量的・質的な比較を試みてみよう。
まず量的な面からみてみる。九月一日、江戸を進発した家康本隊の兵数は一説によ

130

●●●●　　　宇都宮と関東支城　　皆川広照●●●●┐鍋掛○
　　　　　　4家8万5000石　　　　　　　　　　　　┃黒羽
　　　　　　　　　　　　　　　　　岡部長盛●●●
　　　　⊗上田　　上野　　　　　小笠原秀政●●●○宇都宮
　　　　　　　　　　厩橋○　　　平岩親吉●●●
●●●●　　　　　　　　　　　　　　　　　○小山
　中山道　　　　　　　武蔵
信濃

　　　　　　　　　　　　松平康元●●
　　　　　　　　　　　　菅沼定盈●
　　　　　　　　　　　　石川家成＊　　　下総
　　　　　　　　　　　　諏訪頼忠＊
　　　　　甲斐　　　　　　　　　　　⦿江戸城
　　　　　　　　　　　　江戸城
　　　　　　　　　　　　2家(4人)3万石
　東海道諸城の城番　　　　　　　　相模　　　　　上総
　8家(9人)10万2000石
　　　　　　　内藤信成●
　　　　　　　菅沼定仍＊
　　　駿河　　　　　　⦿興国寺　　　　　　　安房
松平康重●●
　○掛川　　　　　伊豆
　遠江
　　　　　　　　　　　　　　　　　┌──────────┐
　　　　　　　　　　　　　　　　　│ ──▶ 家康勢の進路 │
　　＊印は親子で軍勢を分けた者のうち、主力を　│ --▶ 秀忠勢の進路 │
　　率いていない者、もしくは隠居した者。　　　│ ●　1万石　　　　│
　　石川家成＝康通父、諏訪頼忠＝頼水父、内藤　│ ・　1000石　　　 │
　　政長＝家長嫡男、奥平家昌＝信昌嫡男、本多　└──────────┘
　　忠勝＝忠政父、菅沼定仍＝定盈嫡男

第二部　関ヶ原前哨戦──小山評定から家康赤坂着陣

家康旗本衆の配置
（万石以上）

家康一門・譜代大名総計
35家(41人)98万9000石
（その他5家8万石は除く）

松平忠吉　●●●●●●●●
井伊直政　●●●●●●●●●●●●
本多忠勝*　●●（近習400人程度から約2万石と推定）
酒井重忠　●●●
大須賀忠政　●●●●●
奥平信昌　●●●
久野宗成　●

家康旗本衆
7家(8人)33万石

榊原康政　●●●●●●●
大久保忠隣　●●●●
本多正信　●
高力忠房　●
諏訪頼水　●●●
小笠原信之　●
本多忠政　●●●●●
内藤政長*　●●●●●
酒井家次　●●●
本多康重　●●●●●
牧野康成　●
奥平家昌*　●●●
土岐定義　●

中山道秀忠勢
11家(13人)37万2000石

馬籠

関ヶ原　大垣　犬山

松平康長●

松平家清●
石川康通●●

清洲

松平忠頼●
北条氏勝●●
（のち犬山城番）

岡崎

松平家乗●

吉田

保科正光●

浜松

伏見城
3家7万石

鳥居元忠　●●●●
内藤家長　●●
松平家忠　●

その他
5家8万石

松平康忠●（断絶）
三浦義次●（不明）
木曽義利●（断絶）
松平康貞●●●（蟄居）
菅沼忠政●●（不明）

れば、「都合御勢三万弐千七百三十騎」という［朝野旧聞裒藁九月一日条］。同書には『関原集』から家康本隊を「一万五千」という説も挙げているが、とりあえず通説に従っておく。なお厳密に考えれば、この三万二七三〇人のなかには、先手衆と同道した井伊直政と本多忠勝の軍勢は含まれていない。井伊直政一二万石（約三六〇〇人）と本多忠勝（約四〇〇人）を加算すれば、都合三万六七〇〇余人となる。ちなみに、軍役は便宜上、笠谷氏の依拠する三人役（一〇〇石に三人宛て）に統一した。

一方、秀忠勢は「その勢都合三万八千七百七十余騎」という［朝野旧聞裒藁八月二十四日条］。ただ、このなかには徳川譜代・旗本衆だけでなく、信州の外様大名の兵数も含まれているから信州進出後の総勢としたほうがよい。家康勢と比較するには、これを差し引かないとならない。信州の外様大名（上野も含む）は以下の面々である［禄高は徳川家康文書の研究中巻による］。

石川康長（信濃松本八万石）

真田信幸（上野沼田二万七〇〇〇石）

森　忠政（信濃松代一二万七〇〇〇石）

仙石秀久（信濃小諸五万七〇〇〇石）

日根野吉明（信濃高島一万五〇〇〇石）

第二部　関ヶ原前哨戦——小山評定から家康赤坂着陣

これら五人の大名の総禄高は三〇万六〇〇〇石になる。この軍役数を三人役で換算すると、九一八〇人となる。これを秀忠勢の総数から引くと、秀忠本隊の譜代・旗本衆は三万人弱ということになる。なお、『台徳院御実紀』巻一には宇都宮を進発したときの秀忠勢を「惣軍三万八百余人」としている［徳川実紀第一巻］。これには信州の外様大名の兵数が含まれておらず、しかも右の数字とほぼ一致することから、三万人前後を秀忠本隊の兵数として大過ないであろう。

以上から、量的にいえば、徳川家の譜代旗本衆だけで比較すると、家康本隊が秀忠本隊より六〇〇〇人以上多いことになる。この数字は決して小さくない。

　　　質的構成でも拮抗

次に質的な面を検討する。笠谷氏は両勢の質的相違を強調する。

「各軍団の戦力はたんに兵数で決まるものではなく、その質的構成が問題となるのであり、先手備を中心とする攻撃型の備がどれだけ厚く、充実しているかにもっぱら関係するのである。軍団の編成において万石以上の武将の数に注目するのは、彼らこそ独立の備を構成できる能力をもつからであり、その多さ、厚さこそが、当該軍団の戦力を判断できる基準となるのである」［笠谷右同書一二〇頁］。

先手備の戦い方いかんが合戦の帰趨を決するのが、この時代における戦争形態としては普遍的である。笠谷氏の所論は一般論とすれば妥当ではあるが、家康・秀忠の両勢に適用してみて、果たしてどうであろうか。

同氏によれば、秀忠勢には一〇人余の万石以上の武将が「独立の備」を構成していたとする。たしかに秀忠勢には万石以上の譜代大名が一二人いた［右同書二一八頁］。これに対して、関ヶ原合戦に参加した家康勢には万石以上の譜代大名は七人しかいない。

しかし、この合戦を美濃の一地域に限定することはできず、濃尾一帯が広義の戦域だったと想定すべきであろう。その視点に立てば、大垣城に備えた松平康長（武蔵東方一万石）、清洲城の城番となった石川康通（上総鳴戸二万石）、松平家清（武蔵八幡山一万石）、犬山城の城番となった北条氏勝（上総岩富一万石）も家康勢の後備に位置づけられるべきである。

これらの諸大名を含めると、家康勢の万石以上の譜代大名は一一人となって、秀忠勢と拮抗する。さらに付け加えれば、大垣城に備えた水野勝成（三河刈屋三万石）も、家康の親戚筋であり、譜代大名に組み入れてもおかしくない。もっといえば、東海道筋にある豊臣譜代衆の城郭に在番している松平家乗・同忠頼・同康重・保科正光・内藤信成らの万石以上の大名も広義の後備にしてもおかしくない。これらを合わせると、

家康勢における万石以上の大名は一七人になる。

では、徳川軍において先手備をつとめるにはどのような資格・要件を備えているべきであろうか。笠谷氏は家康勢の先手備について「関ヶ原合戦での東軍の前線部隊は三万人強と言われたが、うち徳川の主な兵力は、井伊直政と松平忠吉の軍勢あわせて六千人余でしかなかったのである」としている［右同書・一三九頁］。

しかし、実際の合戦での陣立と徳川軍団の「備」概念とを混同してはならない。笠谷氏は「先手備」「独立の備」の要件として万石以上の禄高を充てているが、それだけでは両勢の間に質的構成の差異を検出できないことはすでにみてきた。

したがって、「先手備」「独立の備」については、より厳密な規定が必要であろう。それを考える好個の手がかりは、徳川軍団にとって関ヶ原合戦と年代的にもっとも近い小田原陣における陣立であると思う。一〇年という時間の経過は一部の譜代大名の世代交代を促したものの、その軍団構成の基本的骨格はさほど変化がないからである。

『開国雑記』によれば、小田原陣における徳川軍団の先手備は「一之御先（いちのおさき）」「二之御先（にのおさき）」と呼ばれている。そのうち、「一之御先」は酒井家次（いえつぐ）・本多忠勝・榊原康政・平岩親吉・鳥居元忠（とりいもとただ）・大久保忠世（ただよ）・井伊直政の七人がつとめた［煎本増夫一九九六、朝野旧聞裒藁（ほうこう）・天正十八年二月七日条］。この七人が家康の関東入国後、どのような処遇をうけたか、そ

の禄高をみると、

　酒井家次（下総臼井三万石）
　本多忠勝（上総大多喜一〇万石）
　榊原康政（上野館林一〇万石）
　平岩親吉（上野厩橋三万石）
　鳥居元忠（下総矢作四万石）
　大久保忠世（相模小田原四万石）
　井伊直政（上野箕輪一二万石）

最低でも三万石の禄高をもつ大身の譜代大名であることが「一之御先」の条件となっているのがわかる。

この七人のうち、関ヶ原合戦までに大久保忠世が鬼籍に入り、嫡男の忠隣に代替わりした以外は特別の変化はない。関ヶ原合戦は戦場が多岐にわたったために、この七人がそろって先手備をつとめたわけでなく、戦場・戦況に応じて分散配置を余儀なくされた。

　A・東海道方面　本多忠勝・井伊直政
　B・中山道方面　酒井家次・榊原康政・大久保忠隣

第二部　関ヶ原前哨戦——小山評定から家康赤坂着陣

このうち、A・本多忠勝については、笠谷氏も指摘するように、引率したのは小姓たちばかりで四百に不足する人数しかおらず、「よきもの共」つまり本多家の主力（約二五〇〇人か）は嫡男の美濃守忠政が率いて秀忠に従っていた［慶長記中］。

だからといって、忠勝勢が「備」としての要件を満たしていなかったわけではない。東軍先手衆の軍監役だった忠勝は家康の赤坂着陣によりその任を解かれ、改めて一手の「備」となった。家康の命により忠勝には桑山一直など外様小身衆が与力として付けられ、左翼先手として、牧田口の十九女池あたりに布陣し、松尾山の小早川秀秋に備えた。したがって、忠勝勢を嫡男忠政とは別に「一之御先」に準じる「備」として扱いたい。

ところで、天正十八年（一五九〇）の関東入国以降、家康の四男、松平忠吉が新たに一門大名に取り立てられて、武蔵忍一〇万石に封じられた。忠吉に従った麾下には小笠原和泉・富永丹後という付家老が参陣していることから、舅の井伊直政に匹敵する約三〇〇〇人の「備」であることは明らかであり、小田原陣後の「一之御先」に準じるものとして扱っても差し支えないと思う。

C・関東方面　　平岩親吉（上州厩橋）

D・上方方面　　鳥居元忠（伏見城代）

ちなみに、関東入国後における三万石以上の譜代大名はほかに、大須賀忠政（上総久留里三万石）、奥平信昌（上野小幡三万石）、松平康貞（上野藤岡三万石）がいる。

大須賀氏は先代康高が十分「一之御先」をつとめられる資格を有していたが、関東入国前の天正十七年（一五八九）に没している。家督を継いだのは康高の女婿、榊原康政の長男忠政だった。そのため、小田原陣では榊原康政が大須賀勢も麾下に編成した。つまり本来ならば、大須賀勢は「一之御先」に属してもおかしくないのである。

忠政は小山の反転のとき、宇都宮在陣か館林城の留守を命じられたという［藩翰譜第一巻］。しかし、笠谷氏によれば、上方への従軍を願い出て、家康本隊に付属し、本戦では南宮山の毛利勢に備える後備となった［笠谷右同書］。

奥平信昌は小田原陣では「御後」＝後備をつとめている。これは家康の女婿という地位ゆえであろう。関ヶ原合戦では、信昌は三男忠政、四男清匡（のち忠明）を率いて出陣し、本戦では大須賀勢とともに南宮山の毛利勢に備える後備となった。

一方、信昌嫡男の家昌は秀忠に従い、その後備となっている。奥平勢としては東海道と中山道にほぼ二分されたわけだが、三男忠政は菅沼定利（上野吉井二万石）の養子となっており、四男忠明も上野長根七〇〇〇石を領していたので、この三者を合わせた兵力は中山道の家昌勢を上回っていると思われる。だから、優に「独立した備

第二部　関ヶ原前哨戦──小山評定から家康赤坂着陣

の要件を満たしている。

最後に松平康貞だが、『徳川家康文書の研究』中巻に「松平新六郎康貞」とあることから、旧姓依田氏で、家康の信州平定に功労があった武田旧臣の依田信蕃の二男康真(通称新六郎)のこととと思われる。康真は関ヶ原合戦の直前、腫物を患い、かつ刃傷事件を起こして高野山に蟄居していたから除外してよい[寛政譜第六巻、依田康真譜]。

こうしてみると、「二之御先」以外の三万石以上の大名も、家康に従っている者が多いことが確認できる。

さて、小田原陣では「二之御先」と呼ばれる二の先手の諸将七人がいた[朝野旧聞裒藁天正十八年二月七日条]。この七人は小田原陣だけの一時的な編成ではなかった。それは次の記事でも明らかである。

「はじめ東照宮三河国におはしませしころ、陣列を定めたまひ、松平清宗、酒井正親、本多重次、内藤家長、荻生左官某(大給松平氏の左近親乗か)、石川康通、柴田康忠七人を先鋒第二の隊となされ、常に戦場に供奉す」[寛政譜第六巻、柴田康忠譜]。

小田原陣と比較すれば、構成メンバーに代替わりがあるものの、その骨格は保持されている。つまり、「先鋒第二の隊」こそ「二之御先」であり、古くから徳川軍団の陣立において重要な構成要素であった。小田原陣のそれを挙げてみょう。

松平清宗（武蔵八幡山一万石）　＊家清が家督。

酒井重忠（武蔵川越一万石）　＊正親の子。

本多重次（上総古井戸三〇〇〇石）　＊慶長元年死去、成重が家督。

内藤家長（伊豆下田二万石）

柴田康忠（武蔵羽生五〇〇〇石）　＊文禄二年死去、康長が家督。

松平家乗（上野那波一万石）　＊親乗の孫。

石川康通（上総鳴戸二万石）

　上は二万石から下は三〇〇〇石までとばらつきがある。この数は誇大だと思うが、禄高最下位の本多重次には寄騎二百騎が付属されたとある。この数は誇大だと思うが、禄高最下位の本多重成が難しいため、寄親として寄騎同心衆を付属されて独立した「備」となったと思われる。この七人がどのように配置されたかをみてみると、

　a・東海道方面　　松平家清（清宗嫡子）・松平家乗・石川康通・本多成重

　b・中山道方面　　酒井重忠・柴田康長（康忠嫡子）

　c・関東方面　　　無し

　d・上方方面　　　内藤家長

　このうち、本多成重の所属が『寛政譜』や『譜牒餘録』などをみても必ずしも明確

第二部　関ヶ原前哨戦——小山評定から家康赤坂着陣

ではないが、家康旗本の「後隊」に「本多丹下」の名があるので、a・東海道方面に算入した〔軍記大成巻之二十四、藩翰譜第一巻〕。

こうしてみると、「二之御先」では、a・東海道方面の二人、一万五〇〇〇石を圧倒している。禄高合計でも四万三〇〇〇石で、b・中山道方面が四人と過半数を占め、禄高合計でも四万三〇〇〇石で、b・中山道方面のいうところの「先手備」や「独立した備」は東海道方面と中山道方面で次のように配置されている。

東海道方面

　「一之御先」　井伊直政・本多忠勝・松平忠吉

　「二之御先」　松平家清・松平家乗・石川康通・本多成重

　二〜三万石　奥平信昌(松平忠政・同清匡)・大須賀忠政・水野勝成

中山道方面

　「一之御先」　榊原康政・大久保忠隣・本多忠政・酒井家次

　「二之御先」　酒井重忠・柴田康長

　二万石　　本多康重・牧野康成・高力忠房(こうりきただふさ)・菅沼忠政

両軍団の「先手備」や「独立した備」を比較して、果たしてその質的構成の大きな差異を検出できるだろうか。「二之御先」の「備」こそ中山道方面が一人多いものの、

「二之御先」では東海道方面が二人も多い。両「御先」以外の二万石以上の大身（多くは後備）を含めても、両方面はほぼ同等の構成としたほうが妥当であろう。

とくに打撃戦力として想定されている「一之御先」に関して、笠谷氏は家康軍団が井伊直政と松平忠吉の六〇〇〇人ほどにすぎないとしているが、厳密にいえば、二人の禄高総計は一二二万石であり、三人役なら六六〇〇人になる。またこれに本多忠勝勢（約四〇〇＋外様小身衆）も繰り入れないのは不当だと思う〔笠谷右同書・一三九頁〕。

一方、秀忠軍団の「一之御先」に該当する四人の大名の禄高総計は二九万五〇〇〇石で、三人役で換算すれば、八四五〇人（本多忠政から忠勝勢四〇〇人を差し引く）となる。家康軍団の最低でも七〇〇〇人とそれほど大差はない。

もっとも、家康軍団はそのすべてを関ヶ原に結集できたわけではない。後方の大垣、清洲などの諸城に手充てする必要があったので、分散配備にならざるをえなかったのはたしかである。しかし、これもひとえに秀忠軍団の未着に規定された非常措置だったことを割り引いて考えなければならない。

以上から、家康軍団と秀忠軍団のどちらが主力かといった議論は有効でないことが明らかになったと思う。両軍団は分進することになった時点で、おのずと独自の陣立構成をとったにすぎない。

④ 上杉景勝はなぜ南進せず、最上義光を攻めたのか

幻の関東侵攻策

『名将言行録』直江兼続譜に面白い逸話が載っている。

徳川家康が小山から退陣したことを知った直江兼続が上杉景勝に追撃の好機であるから、「一時もはやくご出馬然るべし」と進言したが、景勝は次のように答えて首を縦に振らなかった。

「太閤がご他界される前、御前に召し出されて逆心しない旨の起請文を書き、内府及び利家・輝元・秀家も共に血判した。今度のことは堀直政の讒言であり、内府から仕掛けてきたので一合戦と支度した。しかるに、内府がこちらに構わず江戸へ引き取ったのだから、こちらもまた会津に引き上げるのが理の当然である。もし今奥州を発って内府を追撃すれば、初めからの申し分はみな偽りだったことになり、天下首悪の名を

末代に蒙り、信を天下に失うことは上杉家の恥辱であるから、内府を追ってはならない」

兼続がなおも食い下がる。「ごもっともなれど、今度の手始めは上杉であると天下一同に思うのは必定。然れば、内府は以前から当家をば根を断ち葉を枯らさんとするのは鏡に照らすように明らかである。これを考えるに、戦うも亡び、戦わざるもまた亡びるのは確実である。万一内府天運に叶い勝利すれば、上杉が亡びるのは末代までの恥辱で堪えられない。よって騎虎の勢いで関東に打って出る所ではありませんか」。

しかし、景勝は激怒して、「国家の存亡興廃は時節である。我は不信の名を負うことは末代までの恥辱で堪えられない」として追撃を許可しなかったという。

景勝が信義に厚い大名として描かれているが、果たして史実はこのいささかきれい事の逸話のように進行したのであろうか。

七月二十五日、小山評定で白河口に集結した東軍主力軍が反転西上に決したことにより、対上杉包囲網にも転機が生じた。

信夫口を受け持った伊達政宗は旧領回復に執念を燃やしており、刈田郡の白石城を攻略するなど上杉領侵攻に積極的だったが、白河口の主力が反転したことを知ると、

八月十四日、「政宗一人にて相働き候儀、如何にと存じ候」という理由で、白石城に石川昭光と兵二〇〇〇余人を残して、居城の北目に帰った〔伊達政宗卿伝記史料同日条〕。

東軍主力の反転は米沢口にも波及した。この方面には最上義光（出羽山形二四万石）を主将に、南部利直（陸奥盛岡一〇万石）、秋田実季（出羽湊一九万石）、戸沢政盛（出羽角館四万石）、小野寺義道（出羽横手三万石）、六郷政乗（出羽六郷五〇〇〇石）、由利衆の赤尾津孫次郎、仁賀保挙誠など約一万七〇〇〇人の軍勢が結集していたが、地元の最上義光を除く大名たちが米沢口から退去して国許に引き上げた〔山形県史第二巻、最上義光物語下、軍記大成巻之八〕。

津川口の堀秀治が上杉方が背後で糸を引く一揆の鎮圧に懸命であること、常陸の佐竹義宣がひそかに上杉方に通じていることを合わせて考えると、対上杉包囲網の圧力は劇的に軽減されたといえるだろう。それはすなわち、上杉方が攻勢に出る好機でもあったと思われるが、上杉景勝や直江兼続はなぜ関東表ではなく、背後の最上義光を攻める道を選んだのだろうか。

上杉方も決して関東表侵攻を選択肢に入れていなかったわけではないと思う。それは景勝が二大老・三奉行に宛てた次の書状（八月二十五日付）でも明らかである〔真田家文書上巻五九号〕。

（前略）

一、当表(とうおもて)の儀、仰せを蒙(こうむ)る如く、去月廿一日内府江戸を打ち立たれ、廿六・七(日)時分白河表発向議定の処、上方変化の様子動転し、悉(ことごと)く敗軍候、内府は今月四日に小山より江戸へ打ち入れられ候、則ち関東表罷(まか)り出づべき処、最上・政宗見合せ、慮外の躰(てい)に候あひ、急度(きっと)申し付け、奥口相済み、関東へ三昧仕(ざんまいつかまつ)るべく候上は、卒爾(そつじ)に関東表調議に及び、奥口蜂起(ほうき)候はば、手成見苦しく候条、右の分に候、但し内府上洛議定に候はば、佐竹相談せしめ、万事を抛(なげう)って関東乱入の支度油断なく候条、お心安かるべきの事、

（中略）

一、当表の儀は、随分(ずいぶん)丈夫に申し付け候条、お心易(やす)かるべく候、諸口申し付け候故、急速に関東へ罷り出でざる候儀、所存千万に候、併し来月中は佐竹と相談じ、是非行(てだて)に及ぶべく候、猶当表の仕置(しおき)、最上・政宗義もお指図次第その旨存ずべく候、

重複して回りくどい部分、誇張や言い訳めいた部分があるものの、それを差し引いても、なかなか興味深い内容である。前条では、「最上義光と伊達政宗が思いもかけず様子見をしているようなので、もし奥口（信夫口）の手当てを終えて関東表に専念す

第二部　関ヶ原前哨戦──小山評定から家康赤坂着陣

凡例
- ■ 東軍
- □ 西軍
- ▨ 中立

志駄義秀
酒田城
出羽
下吉忠
大山城
最上川
谷地城
岩出山城
伊達政景
白岩城
陸奥
寒河江
最上義光
山形城
畑谷城
笹谷峠
荒砥
長谷堂城
北目城
伊達政宗
上山城
志村高治
高畑城
白石城
米沢城
直江兼続
阿武隈川
越後
堀秀治
福島城
本庄繁長
陸奥
猪苗代城
小高城
相馬義胤
会津若松城
猪苗代湖
上杉景勝
陸奥

奥羽をめぐる情勢

ることになった場合、軽率に関東表に出陣して攻撃に出ている間に、奥口で(最上や伊達が)蜂起すると、みっともないことになる。ただし、家康が上洛することに決まれば、佐竹義宣と打ち合わせて、万事を抛って関東に乱入する覚悟である」と述べている。

後条もほぼ同様の内容だが、来月中(九月中)には関東表に侵攻するつもりであること、最上と伊達の仕置についても(秀頼や二大老・三奉行の)お指図を奉じるつもりであると、述べている。

つまり、景勝にとって最大の関心事は、伊達政宗と最上義光をいかに屈服せしめるかにあった。両者を屈服させて後顧の憂いをなくすことが関東出陣の前提条件であり、それが実現してはじめて、関東出陣が具体的日程に上るということである。付け加えれば、家康が上洛して江戸を留守にすることもその条件のひとつだった。

最上・伊達屈服が関東出陣の前提条件

実際、上杉方は伊達・最上との和睦交渉を進めていた。まず伊達政宗との交渉をみてみよう。

直江兼続が九月三日付で福島城将の本庄繁長に宛てた書状が興味深い。それによれ

第二部　関ヶ原前哨戦──小山評定から家康赤坂着陣

ば、「奥口（信夫口）御無事の儀」つまり政宗との和睦が進みつつあり、関東への共同出兵を政宗に提案した様子がうかがえる[直江兼続伝]。

一、関東ご出馬の砌、政宗ご同陣申し上げられ候歟、然らざれば、家老五、三人も相済み（相添え?）人数五千も三千も相立てられ候て、万一お弓矢むつかしき事出来候とも、関東ご静謐中別心これなき様、お堅め第一に候事。

「上杉勢が関東表に出陣するとき、政宗にも同陣を要請し、それが無理なら、家老の三人か五人に軍勢三〇〇〇〜五〇〇〇人を出陣させるようにしたい。万一戦況が思わしくなくても、関東出陣の間は伊達が別心（裏切り）しないように備えを固めておくことが肝要である」と兼続は強調している。

もっとも、兼続も政宗との和睦がそう簡単に成立するとは楽観していなかった。同書状にも「もし政宗方より手切れを申し入れてきても、押し返して使者を遣わし、先々無事（停戦状態）をつづけるのが至当である」とか「この口（仙道筋）から奥口（信夫口）に出勢するのは最上の出方次第であると考えている」とも述べていることでも、それは明らかである。

兼続が政宗に対して和戦両様の構えでいたのは、義光が上杉方に媚びてきたことと無関係ではない。最上氏は二四万石で、上杉氏の五分の一の禄高しかない。白河表の

東軍主力が反転したとなれば、到底、単独では上杉氏に太刀打ちできるはずもない。

そのため、義光は一転して時間稼ぎに出ていた。義光が八月十八日付で兼続に宛てた書状は次のような条書だった［上杉御年譜三、直江兼続伝］。

一、前年、景勝が伏見から国許に帰るとき、義光は山科まで見送った。
一、景勝が国許に着いたときは、嫡子修理大夫（義康）を送って出迎えた。
一、伏見城での評定に義光も加わったが、その内容は上杉屋敷留守居の千坂対馬守に申し入れた。
一、政宗は上杉領に攻め入ったが、義光は足軽の一人も上杉領に入れていない。
一、以上をお聞き届けあれば、嫡子修理大夫を証人（人質）として差し出し、さらに指図があれば、家中から証人を出す用意がある。義光も軍勢一万を召し連れ、どこへ出兵されてもお役に立ちたい。

とくに最後の一条が重要で、最上方から嫡子義康を人質に出したうえで、最上勢一万人を上杉のために出兵させてもよいというのである。

これに関連して、上杉方から伊達方にも軍勢を同陣させよと要求していることを考えると、景勝と兼続は伊達・最上の両勢を率いての関東表出陣を構想していたとも考えられる。

兼続が僚将の甘糟景継に九月四日付で宛てた書状によれば、「最上表にきっと攻め入るところ、(義光が)少々懇望してきたので、出陣を延引した。二、三日中に結果がわかるだろう」と述べて、臨戦態勢をとりつつ義光の態度待ちであることを明らかにしている[直江兼続伝]。

ところが、義光の殊勝な申し出はまったくの欺瞞策だった。義光は人質を送ってこないばかりか、逆に敵対行動に出たのである。

八月下旬、秋田実季が上杉領の庄内酒田城（城代志駄義秀）を攻めた。もともと庄内領有を悲願としていた義光もここぞと、秋田勢に一〇〇〇余人の加勢を送ったのである。庄内三郡（田川・櫛引・遊佐）は上杉氏本領から離れた飛び地であり、敵対勢力に出陣している。この主力軍とは別に庄内方面からも志駄義秀と下吉忠の別働隊が二手に分かれて最上領に攻め入った。

九月八日、米沢に集結していた上杉勢が山形めざして進発した。兼続自身も翌九日に出陣している。この主力軍とは別に庄内方面からも志駄義秀と下吉忠の別働隊が二手に分かれて最上領に攻め入った。

こうしてみると、上杉勢による最上領侵攻の直接的契機は、秋田・最上勢の酒田城攻めに対する報復を目的としたものだったといえそうである。

さて、兼続が率いた上杉勢の数は、『関原軍記大成』では、鉄炮一二〇〇挺、兵二万

八千人[巻之三十三]、『米澤市史』では「凡そ四万余」としている。ただ、四万余という数字は上杉勢の大半になるから、誇大すぎると思う。

上杉勢は六つのルートから最上領に攻め入ったが、それは、おおよそ次の諸将から成っていた[米沢市史第二巻]。

萩野中山口 　直江兼続、水原親憲（猪苗代城代）、春日元忠（置賜郡高畠城代）、上泉泰綱（与板衆）、色部衆（置賜郡金山城）

小滝口 　倉賀野綱元（与板衆）、色部衆

大瀬口 　吉益家能（与板衆）、土橋維貞（与板衆）、荒砥在番衆（置賜郡荒砥城）

栃窪口 　北条高能（与板衆）、赤見外記（与板衆）、中条三盛（置賜郡鮎貝城代）

掛入石中山口 　本村親盛（与板衆）、横田旨俊（置賜郡中山城代）

庄内口 　志駄義秀（酒田城代）、下吉忠（大浦城代）

兼続は米沢城と出羽置賜郡を中心に三二万石を与えられていたとされるが、これは自身の禄高ではなく、寄騎同心衆を合わせたものだった。右のうち、与板衆は兼続の旧領である越後三島郡与板にちなみ、兼続の被官・同心であり、置賜郡の諸城代はすべ

会津移封後の支城と城将

地域	支城	城代	知行高	出自・履歴
会津	南山	大国 実頼	21000	直江兼続弟、天神山
	伊南	清野 長範	11000	信濃更級郡猿馬ヶ場
	猪苗代	水原 親憲	5500	越後蒲原郡水原
越後陸奥	津川	藤田 信吉	11000	武蔵衆、謙信時代来仕
	白河	芋川 正親	6000	信濃更級郡牧之島
		平林 正垣	3000	信濃更級郡平林
	長沼	島津 忠直	7000	信濃水内郡長沼
	守山	竹俣左京亮	2100	越後蒲原郡竹俣
	浅香	安田 能元	11000	越後刈羽郡安田
	二本松	下条 忠親	4700	越後蒲原郡下条
		秋山 定綱	2000	越後頸城郡糸魚川
	塩之松	山浦 景国	6500	元信濃衆
		市川 房綱	6700	信濃高井郡市川
	福島	本庄 繁長	11000	越後岩船郡本荘
	宮代	岩井 信能	6000	信濃水内郡飯山
	大森	栗田 国時	8500	信濃水内郡善光寺別当
	保原	大石 元綱	5500	元武蔵衆、上杉氏被官
	梁川	須田 長義	20000	信濃埴科郡海津城将
	白石	甘粕 景継	20000	越後五泉・庄内酒田城将
置賜	米沢	直江 兼続	60000	越後三島郡与板
	金山	色部 光長	10000	越後岩船郡平林
	中山	横田 旨俊	12000	会津芦名氏遺臣、山内姓
	高畠	春日 元忠	5000	信濃衆、越後村上城代
	荒砥	泉沢 久秀	11000	越後蒲原郡大面城将
	鮎貝	中条 三盛	10000	越後蒲原郡中条
	小国	三豬等在番		
庄内	大宝寺	木戸 元斎	5000	武蔵出身
	大浦	松本 助義	3200	越後三島郡荻
		下次右衛門	3000	
	酒田	志駄 義秀	5000	越後三島郡夏戸
佐渡	沢根	須賀 盛能		越後出身
	羽茂	黒金 尚信	2500	越後出身

『新潟県史』通史編・中世より

て兼続の寄騎だと思われる。

最上攻めの上杉勢のうち、兼続の家来か寄騎同心衆でない者は、武者奉行に任ぜられた水原親憲と庄内衆だけである（景勝の命で前田利太ら牢人衆も付属された）。つまり、上杉勢中、最大軍団と思われる直江勢と若干の寄騎衆・牢人衆で編成された軍勢だった。

この編成から読み取れるのは、決して上杉軍の主力を動員したわけではなく、兼続は最上攻めをあくまで関東表出陣の条件をととのえるための一時的な局地戦と位置づけていたのではないかということである。

兼続は義光に大打撃を与えて政宗を孤立させたうえで、関東表への出陣を策していたのではないだろうか。その前提には、上方での東西両軍の対峙が長期戦になるという戦略的見通しがあった。

しかし、伊達方の留守政景の後詰を得た最上方の抗戦は予想以上に激しく、九月三十日、上杉勢が長谷堂城を囲んでいるとき、関ヶ原の勝報が義光にもたらされた。これを機に攻守所を変えて、兼続は苦難の撤退戦を強いられることとなった。かくして、上杉勢が関東表にその雄姿を現す機会はついに訪れなかったのである。

5 三成の東進策はなぜ実らなかったか

三成の楽観主義

一〇万人といわれる西軍を結集した石田三成の基本戦略はどのようなものだったのか。それはまず、畿内周辺の東軍拠点(伏見城・大津城・田辺城など)を攻略したうえ、家康率いる東軍主力が白河表に釘付けになっている間に、伊勢・美濃・尾張方面に進出して、会津の上杉景勝との間で、いわゆる東西挟撃の態勢を築くことだった。

七月十七日、「内府ちがひの条々」の檄文(げきぶん)を発して挙兵してから、まず伏見城攻略にとりかかり、八月一日、ようやく一〇日以上かけてこれを落とした。

伏見落城ののち、西軍諸将の間で、進出すべき各方面の部署が決められたようである。その期日は判明しないが、八月五日には毛利秀元(もうりひでもと)・吉川広家(きっかわひろいえ)・安国寺恵瓊(あんこくじえけい)・長束正家(なつかまさいえ)・石田三成らが軍勢を動かしているので、それ以前に決められたのは間違いない[義

演准后日記同日条、関ヶ原合戦史料八月七日条）。

伏見が落城し、小山で東軍主力が反転した時期、三成が彼我の形勢をどのように判断していたかがうかがえるのが、真田昌幸宛て書状（八月六日付）である［関ヶ原合戦史料集同日条］。

一、内府は会津（上杉）・佐竹を敵として、僅かに三万の人数を持ち、分国に十五の城を抱え、二十日路（関東から上方への所要日時）を上られる事ができるものであろうか。（東海道）路次筋の面々、今度（会津表へ）出陣した上方衆はどうであろうか。内府次第といっても、二〇年以来の太閤様の御恩を、内府の去年一年（の御恩）に懇情を替えて、しかも秀頼様を疎略にし、あまつさえ大坂に妻子を残している。そのうえ内府は諸大名に温情をかけていないと聞いている。

右のような分別もなく、（内府が）自分の人数一万、上方勢（豊家譜代衆）一万ばかりで上洛しても、尾張・三河の間で討ち取れることはまことに天の与えである。そうなれば、会津・佐竹や貴殿（昌幸）は関東へ（甲冑ではなく）袴を着て乱入できるというものである。

宣伝文書であることを割り引いても、三成は恐ろしく楽観的である。家康は関東の領国を守るのが精一杯で、なかなか上洛の決断がつかないだろうし、たとえ上洛して

第二部　関ヶ原前哨戦——小山評定から家康赤坂着陣

も、兵力は家康勢一万、豊家譜代衆一万の合わせて二万程度の国境で容易に討ち取れるというのである。

三成はこれと前後して、常陸の佐竹義宣にも書状を送っている。それにも「万が一にも、家康うろたへ上り候はば、尾州・参州の間にて討ち果たすべく儀、案中に候」と豪語している[右同書八月七日条]。

「尾州・参州の間」といえば、矢作川がある。三成は上洛して来るであろう家康率いる東軍諸勢を矢作川で迎撃しようと考えていたのであろうか。

三成が昌幸や義宣の各方面に書状を出したのは、伏見城攻略から数日後で、すでに西軍は伊勢・美濃・北国の国境までは十分進出できると想定していたようである。三成としては三方面を平定したのち、尾張・三河の国境の進出を始めた頃だった。このことを裏づけるような説もある[軍記大成巻之九]。

「石田治少、この時秀家に申しけるは、清洲侍従（福島正則）関東へ下り、留守の者は恐るるに足らず、清洲の城を攻め落し、それより三河へ攻め入りて、岡崎・吉田の城をも攻め取るべし」

三成は矢作川を越えて岡崎・吉田まで攻略する考えをももっていた。岡崎城主は田中吉政、吉田城主は池田輝政と、いずれも東軍に属する大名である。

158

地図中のテキスト

越前 / 飛騨 / 信濃 / 美濃 / 尾張 / 三河 / 遠江 / 志摩

- 郡上八幡城（のち東軍が奪取）
- 大谷吉継は北陸から関ヶ原方面へ進出
- 8.10 三成が大垣入城
- 赤坂
- 大垣城
- 岐阜城
- 第2次防御線
- 苗木城
- 関ヶ原
- 竹ヶ鼻城
- 犬山城
- 岩村城（のち東軍が奪取）
- 高須城
- 清洲城
- 第1次防御線
- 長島城
- 岡崎城
- 矢作川
- 吉田城
- 安濃津城
- 浜松城
- 8.23〜8.26 毛利秀元らは安濃津城攻略後、関ヶ原へ
- 松坂城
- 8.24 鍋島勝茂らが松坂城攻略後、安濃津城へ

凡例：
- 西軍方の城
- 東軍方の城
- 決戦前の西軍の行動
- 三成の美濃迎撃構想
- 三成の構想した防御線

決戦前の西軍の構想と行動

（北ノ庄城へ）

島津惟新らはあらかじめ美濃へ進出

7.22～9.13
小野木縫殿介らが田辺城攻略

8.9 三成出陣

小早川勢は伏見城攻略後、鈴鹿峠を経て松尾新城へ

7.16 毛利輝元は大坂城に入るも、その後動かず

7.19～8.1
宇喜多秀家らが伏見城を攻める

丹後・若狭・丹波・近江・山城・播磨・摂津・伊賀・河内・大和・和泉・伊勢

田辺城・福知山城・大津城・伏見城・大坂城・敦賀城・佐和山城・鈴鹿峠

果たして、三成の構想は時間的・物理的に可能だったのだろうか。結論からいえば、机上の空論になってしまったといわざるをえない。

この構想実現のカギを握るのは、伊勢と美濃に分散して進出した西軍主力をなるべく早く尾張に集結させること、美濃の旧織田系諸大名に影響力をもつ織田秀信（美濃岐阜一三万五〇〇〇石）を味方につけること、そして東軍に属した豊家譜代衆の旗頭である福島正則の居城清洲を接収もしくは攻略することにあった。

このうち、織田秀信を西軍に味方させることには成功したものの、残りの二つははかばかしくなかった。三成が真田昌幸に宛てた八月五日付の書状に次の一節がある［真田家文書上巻、五五号］。

一、拙者儀、先づ尾州表へ岐阜中納言殿（織田秀信）申し談じ、人数出し候、福嶋左太（正則）只今お理申す半ばに候、相済むにおいては三州表へ打ち出づべく候、もし済まずにおいては、清須へ勢州え一所に成り候て行に及ぶべく候、

三成は八月八日、佐和山を発して美濃表に入り、大垣城主の伊東盛正を説いて開城させ、十一日に入城している。その間に織田秀信への説得工作が成功して、秀信が西軍に投じたので、美濃の大名がほとんど西軍に靡いた。尾張犬山城主の石川貞清も味方したので、西軍は尾張の一角にも足がかりを得た。

ところが、清洲城に「秀頼君の上意」として開城を申し入れたところ、留守を預かる大崎長行や津田備中（正則の舅）が「主人の下知もない内に、この城を渡し申さん事、覚悟にも及ばぬ事なり」として開城に応じなかった[軍記大成巻之十四、朝野旧聞裒藁七月二十八日条]。

清洲開城の催促は秀信を通じても行われた。尾張葉栗郡郡の土豪生駒隼人（織田信長側室生駒氏の甥）も籠城していたが、秀信は隼人の父、八郎右衛門家長を呼び寄せて、隼人に開城を促した。しかし、隼人は「一旦正則に頼まれ、城を預かりて父の命なりとて、二心を存ぜんこと本意にあらず」として父の要請を拒絶している[武家事紀巻第二十三]。

先の書状によれば、開城交渉が不首尾なら、清洲口（美濃から下る軍勢）と伊勢口が「一所」になって清洲城を攻め落とす手筈になっていたが、西軍が清洲城を攻めようとした形跡はない。一説によれば、これと相前後して大垣城を開城させたので、三成はこれに満足していたともいう[軍記大成巻之十四]。

むしろ、三成は攻めようにも攻められなかったのではないか。伊勢に向かった西軍は毛利秀元・宇喜多秀家を総大将とする四万余の大軍だったが、八月五日に鈴鹿峠を越えながらも、動きが鈍く、先手衆の安国寺恵瓊や長束正家が家康来襲の虚報に怯えて

いったんは退陣するなど士気が振るわずにいた。そのため、富田信高らがこもる安濃津城を遠巻にしたまま、二〇日近くも手を拱いているありさまだったから、とても尾張表に進出する状況ではなかった。

三成の目算は完全にはずれていた。さらに見込み違いだったのは、東軍先鋒三万五〇〇〇余が予想以上に早く西上してきたことだった。十一日は岡崎、十二日は那古野に達し、十三日にはとうとう清洲に入城した。

これにより、三成の尾参国境、矢作川での迎撃作戦は水泡に帰してしまった。三成は彼我の持ち時間と速度の計算を読み違えたというしかない。

6 岐阜城はなぜ簡単に落ちたのか

西軍の兵力不足

関ヶ原合戦における石田三成の大きな誤算のひとつが岐阜城陥落であることは疑いを入れない。反対に、江戸を動けずにいた徳川家康がこの知らせを聞いて愁眉を開き、西上を決心したことでもわかるように、戦局の大きなターニングポイントとなった。西軍は枢要(すうよう)の前線拠点を失って受け身に追い込まれ、逆に東軍は長良川を越えて積極的な攻勢に打って出るきっかけを摑(つか)んだといってよい。

では三成はなぜ、岐阜城への有効な後詰(ごづめ)を行えなかったのであろうか。

その最大の要因は兵力不足だった。西軍のうち、美濃口を担当する予定になっていた諸将は次の面々だった[真田家文書上巻五六号]。

石田三成　六七〇〇人

織田秀信　　　　　　　　五三〇〇人
稲葉貞通・同典通　　　　一四〇〇人
島津惟新（義弘）　　　　五〇〇人
小西行長　　　　　　　　二九〇〇人
稲葉甲斐守　　　　　　　四〇〇人

以上、二万一七〇〇人（注…右同書は二万五七〇〇人とするが集計間違い）

これはあくまで机上の計算であり、現実とはかけ離れたものだった。まず稲葉貞通・典通ははじめ西軍についたものの、途中で東軍に寝返っている。また島津惟新の軍勢は過大にすぎる。国許の兄義久と嫡男忠恒が局外中立の態度をとり軍勢を派遣しなかったので、島津勢はせいぜい一〇〇〇人程度だった。

島津勢のほか、瀬田の守備についていた垣見一直・熊谷直盛・秋月種長・相良頼房・高橋元種・伊東祐兵ら九州勢はその後、三成の居城佐和山に入り、垂井から大垣城に入っている。島津勢を除く九州勢を合わせても三五〇〇余人にすぎなかった。

以上を計算すると、岐阜城の陥落以前に大垣城に集結していた西軍は、せいぜい一万四〇〇〇余人だったと思われる。これに対して、清洲城に入った東軍先手衆は「都合三万四千九百八十人」と、西軍の二・五倍の兵力を有していた［軍記大成巻之十六］。

第二部　関ヶ原前哨戦──小山評定から家康赤坂着陣

岐阜城陥落と東軍の赤坂進出

- 8.23黒田長政・田中吉政・藤堂高虎ら、合渡へ
- 織田秀信 岐阜城　8.22着 8.23攻落
- 舞兵庫 杉江勘兵衛 森九兵衛ら
- 瑞龍寺山
- 合渡
- 中山道
- 8.23赤坂着
- 呂久
- 木曽川
- 石田三成 小西行長 島津義弘
- 大垣城
- 佐渡
- 河田の渡し
- 墨俣 杉浦重勝
- 光明寺
- 8.22福島正則・細川忠興ら、約1万6千人北上
- 竹ヶ鼻城
- 尾越の渡し
- 8.22池田輝政・浅野幸長ら、約1万8千人進発
- 福束城
- 長良川
- 丸毛兼利
- 8.16陥落
- 伊勢街道
- 市橋長勝　今尾城
- 美濃街道
- 高木盛兼　高須城
- 清洲城
- 8.16徳永寿昌ら3千余人進発
- 8.13東軍3万5千余人着

⇦ 東軍の行動
⬅ 西軍の行動
⬅╍ 西軍の敗走

前節でみたように、尾張・三河の国境での迎撃作戦を断念せざるをえなかった三成は、次善の策として、前線を濃尾国境、木曽川の線まで後退させた。そして岐阜城との連携を強化しながら、木曽川と長良川流域に点在する犬山・竹ヶ鼻・福束の諸城の守りを固め、清洲城を包囲する態勢をとった。

城外出陣の愚策

ところで、織田信長の嫡孫で美濃随一の大名である岐阜中納言秀信は当初、家康の下知に応じて、七月上旬を期して会津表に出陣するつもりだった。ところが、「その家風華奢風流を好み、武備に怠りあるに依り、出陣の用意調ひ兼ね」るありさまで、支度に手間取り、空しく十数日過ぎてしまった。

そこへ、上方で挙兵を実現した三成がひそかに家来の河瀬左馬助を秀信のもとに送り、濃尾二カ国の加増をもって帰順を説かせた。

織田家中は二つに割れていた。老臣の木造具康と百々綱家が「内府公を敵になし給ふべき道理なし」として西軍に味方することに反対した。一方、秀信側近の入江右近・伊達平左衛門・高橋一徳斎らが「今又秀頼公へご疎略あらば、世間の人口に懸らせ給はんこと必定なり」と述べて三成と結ぶよう進言した。

秀信はひそかに西軍に味方することに決めながら、老臣の木造・百々の二人を上洛させ、奉行・所司代である前田玄以の判断を仰ぐように命じた。玄以は秀信の幼少の頃からの後見人だった。その後、二人が留守にしている間に、秀信は佐和山に赴き、三成と会見して盟約した。二人の老臣が「中納言殿は急ぎ関東一味ご出陣ある様」という玄以の忠告を携えて帰ってきたが、あとの祭りだった〔軍記大成巻之十四〕。

秀信と二人の老臣の間の不信と疎隔は、岐阜城の命運に大きな陰を落としたといってよい。それは、名族意識を過剰に背負った秀信の暴走となり、それを二人の老臣が抑止できない形であらわれたからである。

こうして、岐阜城が西軍方に属することになった。秀信が去就を鮮明にしたことは、それなりの波及効果があった。美濃には万石以上の大名が一八人封じられていた（秀信を除く）。そのほとんどが織田家の旧家来筋にあたる者たちである。そのうち、一四人が西軍に従っている（うち四人が東軍に内応）。

秀信は木曽川下流沿いの竹ヶ鼻城の杉浦重勝に部将の花村半左衛門・毛利掃部・梶川三十郎らの加勢を送り、また石川貞清が守る尾張の犬山城にも、美濃衆の稲葉貞通・加藤貞泰・竹中重門・関一政らを城番に入れるなど、美濃の国主のように振る舞った。

だが、美濃における西軍の最大前線拠点であったはずの岐阜城は八月二十三日、東軍先手衆三万五〇〇〇余の総攻撃をうけて落城する。前日の二十二日にあった河田の渡しでの前哨戦（米野合戦）を含めても、わずか二日間の戦いだけで東軍の軍門に降ったのである。

岐阜城といえば、稲葉山城と呼ばれた斎藤三代の居城であり、天下人織田信長の居城にもなった要害堅固な名城のはずである。城兵二〇〇〇人足らずがこもった伏見城が数万の西軍に攻められて一〇日以上持ちこたえたのと較べても、わずか二日で落城の憂き目に遭うのは不思議といえば不思議である。その最大の敗因は、城主秀信が採用した城外出陣という戦術の稚拙さに尽きよう。

秀信の禄高は一三万五〇〇〇石である。三成が真田昌幸に送った西軍大名の交名には「五千三百人　岐阜中納言殿」と記されていた［真田家文書上巻五六号］。これはおよそ四人役（一〇〇石に四人）の換算である。また一説には「凡そ城兵七千余人、持口を定めて城を守る」としている［軍記大成巻之十四］。

しかも、三成は家来の柏原彦右衛門・同弥介・河瀬左馬助・松田重大夫ら一〇〇人の加勢を送ったので、岐阜城の守りはさらに増強された。柏原らは稲葉山の支峰瑞龍寺山に砦を築いて守備についた［関原始末記上］。

第二部　関ヶ原前哨戦――小山評定から家康赤坂着陣

石田方の加勢を含めると、岐阜城は六〇〇〇～八〇〇〇人程度の城兵を有していたことになる。また秀信の老臣木造具康と百々綱家は歴戦の部将でもあった。なかでも具康は伊勢木戸城主時代、蒲生氏郷と互角に戦った戦歴があった。関ヶ原敗戦後、具康は寄手の福島正則から一万九〇〇〇石の大禄で召し抱えられている。これも正則が具康の奮戦ぶりを買ったからであろう。

岐阜城が通常の籠城戦術を採れば、一カ月くらい持ちこたえるのはさほど難しいとは思わない。老臣の木造具康も「敵大軍の聞えあれば、粗忽に出て防ぎ難し。願くはご籠城然るべからん」と諫めたが、秀信は籠城戦を本意とせず、城外出陣を唱えて次のように豪語した。

「たとえ敵が目に余るほどの大軍なりとも、一戦もせで、城に籠らば敵を恐るるようにて、口惜しからん。そのうえ大河を前に当てて手痛く防ぎ戦ふにおいては、敵兵たちまち敗北せん」［軍記大成巻之］。

秀信、弱冠二十一歳。大局を心得ない大言壮語というしかない。織田家の嫡流意識のなせる業か。

老臣が秀信の暴走を止められなかったとしても、三成が加勢に送った柏原彦右衛門らもいた。彼らは本来なら軍監（軍目付）として、秀信の勝手や放縦を統制する立場

にあったはずだが、信長の嫡孫にして権中納言という筋目と家格に遠慮があったのか。いずれにせよ、これは三成の指導力の限界も示していた。

城外に出陣しての野戦となれば、たとえ織田方が木曽川という天然の要害を盾にしたとしても、兵数の格差が大きすぎた。

八月二十二日、岐阜城を出撃した織田勢は木造具康・百々綱家らが木曽川北岸の米野に陣取り、総大将の秀信はその後方、川手村の閻魔堂に本陣を置いた。このときの織田勢がどれくらいの人数だったかといえば、細川家の記録に「人数四千計押し出し」とある[細川忠興軍功記]。

これに対して、清洲城を発した東軍は総勢三万五〇〇〇人。このうち、織田方が守る河両の渡しに攻め寄せたのは、池田輝政・浅野幸長・堀尾忠氏らで「一万八千二百五十人」と、織田方の四倍以上だった[軍記大成巻之十六]。

織田方には戦術面でも齟齬があった。米野に陣した木造・百々らはしばらくここで支えてから、秀信の本陣である閻魔堂まで退いて、もう一戦する手筈になっていた。ところが、打ち合わせどおり退いたら、秀信はすでに城内に引き揚げたあとだったという。

しかし、仮に打ち合わせどおりになっていたとしても、木曽川を押し渡って嵩にか

東軍の進撃と岐阜城陥落

⟹ 東軍の進撃

8/23 岐阜城陥落

百曲口
七曲口 木造具康／津田藤三郎 🏯 岐阜城

石田勢
1000人

柏原彦右衛門／川瀬左馬助
松田十大夫
瑞龍寺砦
稲葉山砦

福島正則・細川忠興・加藤嘉明・京極高知ら
1万6730人

織田勢
4000人

織田秀信
焔魔堂

中山道

木造具康
百々綱家

米野 8/22 米野合戦

木曽川

池田輝政・浅野幸長・堀尾忠氏・井伊直政ら
東軍1万8250人

河田の渡し

かる東軍諸勢を織田方が撃退できたとはとても思えない。

米野合戦は卯の刻（午前六時）から辰の刻（午前八時）までの二時間ほどで終わった。織田方の損害は「関東方へ討ち取る首級、総じて七百余級、生捕五十四人なりとかや」という［右同書］。短時間で二割近くの兵力を失ったのだから、織田方の大敗北である。

緒戦の敗北により、織田方の戦意は一気に低下した。米野合戦で敗走した雑兵は城中に戻らなかった者が相当数いた。「新参の輩は大方落ち行き、十人組はわずかに三、四人ならでは見えず」というありさまになった［美濃国諸旧記］。

翌二十三日、岐阜城は大手口の七曲口と、搦手口の百曲口の双方から東軍の猛攻を受けた。石田方の加勢は瑞龍寺砦で玉砕した。大手を守っていた木造具康や津田藤三郎といった譜代部将の部分的な奮戦があったものの、寄手の猛勢を食い止められなかった。秀信は本丸に主従わずか三〇余人だけで孤立した挙句、池田輝政に降伏した。それにしても、西軍にとっては高価な敗戦だった。

名門の御曹子が過剰な自負と軽挙によって自滅した一戦というべきか。

第三部 決戦関ヶ原
―西軍の関ヶ原転進から決戦まで―

1 家康は大垣城の西軍とどう戦うつもりだったのか

大垣城水攻め策

東西両軍が美濃赤坂と大垣城で対峙するという状況が生まれたのは、八月二十三日の岐阜落城からである。

豊家譜代衆が主力の東軍先手衆は、石田三成・小西行長・島津惟新らがこもる大垣城にも攻めかかろうという勢いだったが、結局、取り止めている。家康から自重を促す軍令が届いたからである。

家康が岐阜攻略を知ったのは、わずか四日後の二十七日正午頃だと推定される。その日のうちに、家康は福島正則・池田輝政ら東軍先手衆に戦勝を祝す感状を送ったが、「聊爾（粗相）なきよう、お働き専一に候、我等父子をお待ち尤もに候」という一節を付け加えるのを忘れなかった［徳川家康文書の研究中巻、同日条］。

家康父子の着到を待つことにした東軍先手の諸将は赤坂宿の南にある小高い岡山に家康の本陣を普請しはじめた。

その一方で、東軍先手衆の間でただ大垣城を水攻めにしようという作戦が持ち上がった形跡がある。家康が真田信幸に宛てた九月一日付の書状に、「仍よって石田治部少輔・嶋津・備前中納言・小西摂津守籠り居り候、即ち取り巻きて水責めを成すべしとて、早速出馬せしめ候」とある[真田家文書上巻・六〇号]。

これに関連すると思われる記事が細川家の記録にもある。

「大垣の城水攻めに成し申すべき由よし、西尾豊後殿申さるるに付き、豊後殿水堰上せきあげを承うけたまわり、早町へ水上げ申す時分、村越茂助殿江戸より上使に赤坂へ着き申さる、茂助殿申さるるは、水お仕懸しかけ候儀、お待ちあるべき候、左様に成り候てご威勢なく候、急度きっとご出馬成され候様に仕つかまつるべしと申されるに付き、水堰止め申し候頃、九月三日、四日にてあるべく御座候」[細川忠興軍功記]。

これによれば、水攻めを提案したのは西尾光教みつのり（美濃曾根そね二万石）だったようである。曾根は大垣北方わずか一里ほどのところだから、光教が大垣城の地勢を熟知していたとみて間違いない。

光教が水攻めのための堰を築きはじめた頃、家康の使者村越茂助が赤坂にやってきて、水攻めの中止を命じたという。その理由は「ご威勢なく候」、つまり士気が衰えるというのである。

細川家の記録が、茂助が清洲への使者に続いて、再び赤坂にやってきたのを九月三日か四日とするのは微妙で、諸史料で裏付けがとれないものの、岐阜攻略と同時に、先手衆から大垣城を水攻めしたいという意図を聞かされて、家康がその策はせっかくの勢いを矯めることになるとして中止を命じたとすれば、時間的な平仄は合わないことはない。

いずれにせよ、家康が真田信幸宛ての書状で述べているように、東軍方に一時、大垣城の水攻め策が存在したのはほぼ確実であろう。

大垣城が水攻めに適していたかについては、橋場明氏の詳細な論考がある。それによれば、大垣城一帯は「大垣輪中」と呼ばれて、現在でも「水郷」として有名な町であること、西美濃三人衆として知られる氏家卜全が大垣城のすぐ下に「水門川」と呼ばれている人工運河を開削したこと、明治二十九年（一八九六）の大洪水では、大垣城の天守閣の石垣まで水に浸かった事実があることなどを挙げていて、まことに興味深い［橋場二〇〇〇］。

にもかかわらず、家康が水攻め策を採用しなかったのは、先に述べたとおり、水攻めのための普請がともすれば、先手衆の大名から雑兵に至るまで、将兵の士気の弛緩を招くとともに、持久戦模様となれば、西軍の後詰、とりわけ毛利輝元が豊臣秀頼を擁して美濃表に進出してくる可能性などを恐れていたとも考えられる。

三成密書の意味するもの

九月十一日、家康が清洲に到着した前後、中山道の秀忠勢が未着なのを知って動揺したことはすでに述べた。

このとき、家康は一刻も早く赤坂に急行すべきなのに、風邪と称して翌十二日まで清洲に止まった〔慶長記上・同日条〕。これは二木謙一氏も指摘するように、秀忠の着到を少しでも長く待とうという「親心」だったかもしれない〔二木一九八二〕。

家康は十二日、ひそかに赤坂陣にいる藤堂高虎を呼び寄せて、夜から夜半にかけて密談している。大垣城にこもる西軍の様子はむろん、赤坂陣の東軍先手諸将の動向を把握するとともに、中山道にある秀忠勢を待つべきかどうか、最終的な打ち合わせをしたものであろう。

時間と兵数のどちらを優先するか――家康は大いに迷ったと思われる。家康の旗本

衆が清洲、秀忠勢が岐阜に集結したうえで、一度にどっと赤坂表に押し出せば、西軍に与える威圧効果は劇的で計り知れない。

しかしながら、このままでは秀忠勢の着到までに、赤坂表でどんな不測の事態が起こらないともかぎらない。

結局、家康があえて清洲に二日間も留まったのは、この作戦の重大な岐路に、家康自身が何らかの決着をつけるためだったのではないか。そして出した結論は、とりあえず秀忠勢をあてにせず、勢いを重視して家康の旗本衆だけで赤坂表に進出するというものだった。

じつは、家康の清洲での決断と関連があるのではないかと思われる事件が起きている。伊勢街道沿いにある東軍方拠点の高須城を守っていた徳永寿昌が西軍の密使を捕縛(ばく)し、隠し持っていた密書を家康に届けたのである。

これが有名な三成の最後の書状で、九月十二日付で大坂の増田長盛(ましたながもり)に宛てたものだった。まさに西軍の最高機密が認(したた)められた書状だった。家康も欣喜雀躍(きんきじゃくやく)したのではないか。ただ、この密書が家康に届けられたのは、いつ、どこだったかは微妙である。

高須は美濃国とはいえ、清洲とは直線距離で五里弱（二〇キロ未満）しかなく、意

外と近距離である。早馬だと一時間もあれば十分到着できる距離である。家康は翌十三日、清洲から岐阜に向かっているが、高須からは、岐阜よりも清洲のほうがよほど近い。

大垣から伊勢街道を下っていた三成の使者は十二日のうちに捕らえられ、その日のうちに寿昌が密書を清洲の家康に至急届けることは不可能ではない。また、家康は遅くとも岐阜で密書を受け取ったのは間違いないと思われる。

問題は三成の密書の内容だった。家康が最重視したのは次の二点だったのではないか[徳川家康文書の研究中巻、九月十二日条]。

ひとつは、毛利輝元と毛利勢の動向である。三成書状は一七カ条の条書であるが、その第一一条に「輝元の不出馬もしかたない」という趣旨が記されているものの、第八条に「どの城にも輝元の人数を入れ置くのが肝要。松尾山の城にも中国衆を入れ置くべきである」とあり、第十三条にも「輝元の出馬がないときは、佐和山城下に中国衆五千ばかり入れ置くべきである」とあった。

つまり、輝元自身の出馬の可能性は少ないものの、毛利勢の後詰は必至の情勢であることを、家康は認識させられた。

もうひとつは、東軍に属して上方周辺で籠城している大津・田辺の両城の様子だっ

た。第六条に「大津城のことは早く根を絶やさないと、今後の仕置(しおき)にさわりが出る」とあり、大津城がまだ落ちずに抗戦している事実が明らかにされていた。また第一七条にも「丹後(田辺城)は手が空いたようだから、攻め衆は美濃表に進発すべきである」とあった。すでに田辺城が開城したことを家康は知ったのである。

これを総合すれば、田辺城につづいて大津城が落ちれば、西軍の後詰(約三万人)が新たに到着することになる。これは秀忠勢に匹敵する兵数である。家康がその兵数まで把握(はあく)できていたかは微妙だが、これでは、秀忠勢が仮に着到してもほぼ相殺されて、家康が秀忠勢を待つメリットはほとんどなくなる。

家康にとっては、あまりうれしくない情報が多かったが、逆に家康を安心させた部分もある。第九条に「味方の諸将の気持ちが一致すれば、敵陣を二十日のうちに破れる」と三成が述べていたことである。三成は後詰の着到を待っての持久戦を指向しており、即時決戦を想定していないことがわかった。

これは家康にとって朗報といってもよかった。つまり、家康と東軍に都合よく解釈すれば、西軍の後詰が着到する前に、秀忠勢の美濃着陣が間に合う形での早期決戦といういう選択肢が決して消滅したわけではない。家康はこのことに気づいたのではないか。

毛利勢や田辺・大津城攻略に加わった西軍が着到する前に、秀忠勢が先に着陣して

第三部　決戦関ヶ原

の即決戦が可能である——意を強くした家康は十四日、勇躍して赤坂に向かったのである。

家康が構想した幻の「場中」決戦

九月十四日、家康がついに赤坂に着陣し、岡山の陣所に入った。岡山の陣所のもたしかで、東軍の士気がいやがうえでも高まり、にわかに決戦気分が盛り上がったのもたしかで、諸将から大垣城に攻め寄せるべきだという声が上がった。強攻策を制止したのは家康である。

「去りながら、備前中納言を大将となし、石田以下、大垣の城に楯籠りし上は、縦ひ各々軍勢を進めて、稠しく城を攻め囲むとも、急にはその功なかるべし」［軍記大成巻之二二三、綿考輯録巻十六］。

家康はむしろ、大垣城の西軍を何とか城外に引きずり出せないかと考えていた節がある。

十四日の夜、諸将が岡山の家康本陣に集って軍議が開かれた。その席上、家康は陣替を提案している。「何とぞ場中におびき出し、一戦に討ち取り申すべし、しかれば敵を引き掛けるため陣所（陣所）を移しかえらるべきかと仰せられ、各領掌（了承）ありてご退出成され候」［綿考輯録巻十六］。

これによれば、陣替を東軍の諸将が了承したことになる。ちなみに、「場中」とは「敵味方の対陣している間の地」という意味である『日本国語大辞典』。つまり、大垣城と赤坂の間ということになるが、この間はわずか一里ほどしかなく、またその中間にも敵味方が充満して、三成が増田長盛に宛てた書状によれば、「敵相二町・三町の間」とあり、両軍はわずか二〇〇～三〇〇メートル離れてひしめいている状態だったから、大軍が戦うにはいかにも狭隘だった。

では、東軍はどこに陣替しようとしていたのか。

「誰がと申すともなく、竹中丹後守（重門）が領地菩提山へご陣替、然るべからんとありけるに」云々［軍記大成巻之二十三］。

竹中重門は有名な竹中半兵衛重治の嫡子で、（菩提山）に陣所を構えていた。菩提山は大垣から西北西に三里弱離れた場所である。中山道の垂井宿のほぼ北方に位置していた。美濃国不破郡に五〇〇〇石を領し、岩手（菩提山）に陣所を構えていた。菩提山は大垣から西北西に三里弱離れた場所である。中山道の垂井宿のほぼ北方に位置していた。青野原を扼する要害であり、中山道を挟んで、南の南宮山と向かい合っていた。家康が望む「場中」決戦にふさわしい場所といえた。

重門の提案を井伊直政と本多忠勝が取り次ぐと、家康は妙案として採用し、陣所普請のために知行一〇〇石につき、鍬一挺、そのほかの下々の者は木か竹か縄一〇尋ず

菩提山陣替説は『慶長記署抄』『別本慶長軍記』『大三川志』にも載せられているので、ほぼ間違いないと思われる[朝野旧聞裒藁九月十四日条]。この説を採れば、家康は佐和山を攻めて京・大坂に上るのではなく、大垣城にこもる西軍を青野原の垂井あたりに引きずり出そうと企図したことになる。

仮にそうなると、南宮山の毛利勢の動向が大きな焦点になる。長宗我部盛親・長束正家・毛利勝永らの寄騎の軍勢を合わせると、優に二万を超すと思われる大軍が大垣城から出陣する西軍に呼応すれば、いかに野戦が得意な家康とはいえ、苦戦は免れなくなる。

このことに関連すると思われるのが、吉川広家が黒田長政に伝えたといわれる通告の内容である。細川忠興は近くに布陣する福島正則から次のような話を聞いた[細川氏の家記によれば、細川忠興軍功記、綿考輯録巻十六]。

「吉川の所より黒田の所へ申し越し候は、昨日（十三日）はお身方（味方）仕るべしと申し候へども、今夜（十五日未明）、治部少大垣より関原へ廻り、各へ仕懸り申し候、昨日の首尾にて御座候間、御敵に仕らるまじく候、お味方は成らずと申し越す

[右同書]。

つ用意し、十五日寅の刻（午前四時）までに本陣に来て下知を待つよう触れたという

由〕

　広家がいうには、昨十三日までは味方するつもりでいたが、今夜に大垣城の西軍が関ヶ原に転進することになったので、首尾（情勢）が変わった。敵にはならないが、味方もできないというのである。

　家康が菩提山に陣替して、野戦で勝負を決しようと決めたのは、広家の約束と無関係ではなかったのではないか。もし野戦となれば、垂井あたりに進出した西軍を北の菩提山と南の南宮山から挟み撃ちにできる。

　ところが、三成ら西軍が突如、大垣から関ヶ原に転進したために、家康の「場中決戦」＝野戦策は画餅（がべい）に帰した。広家もそれを悟って、関ヶ原が戦場になれば、地勢上、味方できないと通告してきたのではないだろうか。

　いずれにせよ、家康が関ヶ原ではなく、青野原（関ヶ原の東方一帯、垂井周辺）で野戦による決戦を想定していたことは、もっと注目されてもよい。

② 西軍の関ヶ原転進には三成の秘策があったのか

前節で決戦直前における家康の野戦策を検討したが、次は三成の軍略を考えてみたい。

関ヶ原合戦での不思議のひとつは、大垣城にこもっていた西軍が九月十四日深更、突如として関ヶ原に陣替したことではないだろうか。

この点に関して、赤坂に着陣した家康が佐和山を攻めて京・大坂に上るという流言を触れ回ったので、大垣城にあった三成がこれを真にうけて、その企図を妨げようとしてあわてて関ヶ原に移動したというのが通説になっている感がある。

しかし、これは三成を臆病な凡将とする江戸時代の徳川史観に害されているとしかいいようがない。事はそれほど単純ではない。大垣と赤坂の長期対陣になったことにより、西軍方も敵中に細作を放って情報収集をしていた。それは三成が増田長盛に宛てた最後の書状中に「敵方へ人を付け置き聞かせ申し候」云々とあることでもわかる

[徳川家康文書の研究中巻]。

東軍のうち関ヶ原にいちばん近い昼飯村(ひるい)に布陣していた福島正則や細川忠興の軍勢には十四日夜の時点で陣替する動きはまったくなかった。それを裏づけるのは細川氏の家記である[綿考輯録巻十六]。

「十四日の宵(よい)までは決定(けつじょう)(必ず)、合戦あるべきとも知れず申候、その故は敵十二、三万の人数にて大畧(たいりゃく)大柿(大垣)の城に在り、栗原山・南宮山に陳(陣)をかまへ要害をしめて扣(ひか)へ居り候に、軽々しく関ヶ原へご人数出さるべき様これなく、すでに敵を偽りて引き出すため、陳所をうつしかへらるべしと仰せ渡されけるとこれあり」。

これによれば、忠興は少なくとも十四日深夜までは、翌日に必ずしも合戦があるとは思っておらず、ましてや西軍が要害に布陣しているので、関ヶ原方面に軽率に兵を出せないと認識していたことを示している。

さらに忠興の動きを同書で追ってみると、十五日未明、陣屋にいた忠興は近くに布陣する僚軍(りょうぐん)が陣替にあわただしいとの注進をうけ、「合点行かず」と首をひねっている。

そこへ、福島正則から吉川広家の知らせとして、大垣城の西軍が関ヶ原に転進しつつあることを知らされた。忠興はこのとき、合戦は先に仕掛けるより、受けて立つほ

うが楽だという感想を洩らしている。つまり、先に動いたのは東軍ではなく、西軍のほうだったのである。

三成が九月十二日付で増田長盛に宛てた書状には「敵陣は二十日の中に破り候はん儀は、何れの道にも多安かるべき(容易かるべき)儀に候へども」云々と記している。

はじめ三成は長期対陣を想定していた。

その目算がはずれたのは十四日に二つの出来事が起こったためである。家康の赤坂着陣と小早川秀秋の松尾山占拠だった。この予期せぬ事態に三成は戦略の修正を迫られた。

すでに長盛宛ての書状にあるように、三成は毛利輝元の不出馬は致し方ないと半ば諦めていた。「輝元ご出馬これなき事、拙子体は尤もと存じ候、家康上られざる上には入らざる（要らざる）かと存じ候へども、下々はこの儀も不審たて申し事に候事」とあるのがそれだが、輝元不出馬に配下の者どもが不満を鳴らしていることも明らかにしている。

同書状では、全体的に西軍の沈滞ムードを三成が嘆いている印象が強い。そういうなかで、輝元の不出馬だけでなく、家康が赤坂に着陣するという予想外の出来事が起こったのである。三成の不安が高まらないほうがおかしい。

188

9.14 家康着陣

菩提山▲

虚空蔵山▲

▲笹尾山

垂井

美濃路

赤坂

杭瀬川

▲城山

大垣城

**吉川広家
毛利秀元ら
毛利勢陣地**

▲松尾山

南宮山

今須川

9.14深更 西軍が大垣城から関ヶ原に転進

伊勢街道

鈴鹿山脈

▲笙ヶ岳

⇐	東軍の行動
←	西軍の行動
⇐□□	家康の企図した挟撃作戦
←■■	三成の企図した迂回奇襲

西軍の関ヶ原転進と両軍の思惑

- 伊吹山系
- 横山城
- 長浜
- 石田
- 北国脇往還
- 北国街道
- 琵琶湖
- 西軍左翼迂回別働隊
  （三成・島津義弘・小西行長）
- 天野川
- 東山道（中山道）
- 9.14 小早川秀秋、松尾山布陣
- 佐和山城
- ▲雲仙山
- 4Km
- （高宮より）

家康と徳川勢の着陣により兵力が増強されて士気上がる東軍の圧力を、大垣城だけで受け止めるのは苦しいと、三成が悲観的な情勢判断を下し、ついには関ヶ原転進という退嬰策に出たと考えることもできる。

もうひとつ、三成に転進を決意させたものは小早川秀秋の意外な動きだった。偶然の一致かもしれないが、家康の赤坂着陣と秀秋の松尾山占拠はともに午の刻（午後零時頃）だった。一説によれば「西方（西軍）にてこれを聞くや内府のお上りを驚きたるに、その時秀秋拍子を合わせて着かれたるは心得難く、内府懇意の人なれば内通ならんと申しあへり」［朝野旧聞裒藁・九月十四日条］。

家康の侍医、板坂卜斎は次のように記す［慶長記上］。

この時、備前中納言殿・小西摂津守・石田治部少輔、大柿を出て関原へまいられ候由、子細は筑前中納言殿（秀秋）むほんと風聞候、仕置いたずべきとて、出られ候由、これを先手の衆は存ぜず。

秀秋の「むほん」を「仕置」すること、つまり、大垣城の西軍が大挙して関ヶ原に陣替することにより、小早川勢の動きを封じ込め、あくまで西軍につなぎ止める狙いがあったように思える。

以上の二点が、西軍の関ヶ原転進の理由に対する比較的妥当な解答であるが、じつ

は、三成がもっと積極策を考えていたという説もある。十四日夜、大垣城中で開かれた軍議で、籠城を唱える宇喜多秀家を制して、三成が次のように述べたという〔軍記大成巻之二十三〕。

「毛利宰相（秀元）・吉川侍従（広家）・長束正家・安国寺は一手の軍勢三万七千人を青野が原に繰り出して、今度の先手を勤められ、中納言殿（秀家）・大谷刑部は四万人を引きまとめ、二の勝ちをもって二陣に備えられ、某は羽柴惟新（島津義弘）・小西摂津守、そのほか大坂の弓鉄炮衆、かれこれ二万余人を従えて、関ヶ原、菩提山の麓を金地越えに赤坂・虚空蔵山に駈け上り、相図（合図）を待って、敵の後ろより切りかかるべし」。

三成は、南宮山の毛利勢が先手となって山を下り赤坂に攻め寄せ、宇喜多秀家・大谷吉継らが二陣となり、そして石田・島津・小西の諸勢を左翼迂回の別働隊として、赤坂の家康本陣を背後から衝くという大胆な作戦を考えていたことになる。

この構想は、毛利勢を切り回す吉川広家の真意を読み違えていることや、赤坂の裏手虚空蔵山まで道に迷わず、しかも方の山岳地帯を二万の大軍が行軍して、気づかれずに到達できるのかといった疑問があるとはいえ、両側を山に挟まれた関ヶ原盆地の狭い回廊を利用しながら、縦深の迎撃態勢と迂回作戦を組み合わせるという、

まことに興味深いものになっている。

しかし、現実のほうがはるかに進んでいて、三成の作戦を机上の空論にしてしまった。

③ 小早川秀秋はなぜ松尾山に陣取ったのか

迷走する秀秋

小早川秀秋が松尾山に陣取ったのは決戦前日の九月十四日である。これははじめから東軍としての行動だったのか。

結論からいえば、小早川勢はこの時点では、東軍という意識があったものと思われる。ただし、それを家康らが明確に認識していたかどうかは別問題である。

秀秋の行動を追う前に、その人脈を確認しておく。まず秀秋は三成より家康に親近感を抱いていた。朝鮮出陣の際の不手際によって太閤秀吉が秀秋を筑前から越前に転封しようとしたとき、庇ってくれたのが家康だった。黒田如水・長政父子との親交も重要である。秀秋の老臣平岡頼勝は如水の妻の姪聟であり、長政の重臣黒田次郎兵衛の姉婿でもあった［藩翰譜第五巻、平岡家譜］。また如水の老臣井上周防守の弟、川村越

前が秀秋の家臣になっていた。秀秋側からの東軍への内通工作が多くは長政を通じて行われたのはゆえなしとしない。

関ヶ原決戦までの秀秋とその家中の動きを追ってみる。秀秋の老臣、稲葉正成や平岡頼勝は早くから、家康側近の山岡道阿弥や岡野江雪斎に内応する旨を申し入れていた。また会津攻めに伏見を出陣する家康に謁して、逆心の者に備えるためという名目で、姫路城の接収を願い出て許されている。姫路城は秀秋の兄木下延俊が城代となっていた。しかし、延俊は秀秋の要求を拒絶したので、秀秋の姫路入城は成らなかった[寛政譜第十・稲葉正成譜]。

その後、秀秋は伏見城代の鳥居元忠に父木下家定を人質として入城を申し入れたが、これも拒否された。秀秋は一転して西軍に加担して伏見城を攻め立てた。

では、これを機に西軍に乗り替えたかといえばそうではない。頼勝は弟資重、正成は養子政貞である。

はこれに先立って、家康に人質を送っていた。

小早川秀秋は伏見城攻略ののち、宇喜多秀家・毛利秀元を主力とする伊勢方面軍に組み入れられて東海道を進んだが、鈴鹿越えをして関地蔵まで達したところで、突如、引き返して、今度は日野、愛知川から中山道を進み、近江国高宮に滞陣した。高宮は石田三成の居城佐和山から南東に一里程度しか離れていない[寛政譜第十、小早川秀秋

小早川秀秋の関ヶ原進出

- 丹波
- 琵琶湖
- 近江
- 関ヶ原 ✗
- 柏原　9/14進出
- 松尾山　9/14着陣
- 9/7〜13滞陣
- 高宮
- 大津城
- 8/17〜27滞陣
- 石部
- 伏見城
- 7/19〜8/1攻略
- 摂津
- 山城
- 河内
- 伊賀
- 鈴鹿峠
- 関地蔵
- 伊勢
- 大坂城
- 大和

秀秋が高宮に滞陣したのは九月七日から十三日までのようである。この期間、秀秋は「川狩」などをして遊んでいたという。従来、その意図についての考察はないが、おそらく伊勢方面に進出すれば、西軍に加担したことがますます既成事実化されるので、軍役サボタージュという苦しまぎれの挙に出たものであろう。もしかすると、大津城の京極高次に呼応して、佐和山城を攻める態勢にあったと思われる。

この間、秀秋は二度にわたり、家康に使者を送っている。その使者は九月三日に小田原、八日に遠江白須賀で家康の本陣に着いているが、家康はどちらも対面していない。とくに三日は不興を露わにして門前払いしている。ただ、八日のときは微妙に態度が違ったようだ。『慶長記』には「御前へは出ず、よきごあいさつと申し候」とある。家康は美濃表での対陣を少しでも有利にしようとして、秀秋の懐柔に転じたと思われる。

あまり知られていないが、家康と秀秋の間を奔走した者がいた。家康側近の山岡道阿弥の配下になっていた西尾伊兵衛正義である。九月八日、遠江白須賀の家康本陣に出向いた秀秋の使者菅気清兵衛（平岡頼勝の家来）が帰るとき、西尾正義も同行したという［朝野旧聞裒藁・九月十一日条］。

一説によれば、西尾正義はもっと以前の岐阜落城後、道阿弥の呼びかけに応えて、秀秋への使者を志願し、秀秋に贈る猩々緋の腰当を受け取った。これは道阿弥が以前に秀秋から贈られたものであり、道阿弥の紛れもない使者であることを証明する物件だった。

西尾正義は秀秋の陣所である柏原で秀秋と会見したという。とすれば、九月十三日のことであろうか。このとき、秀秋は正義に「お味方たるべきむね」を答えたという［寛政譜第七、西尾正義譜］。

松尾山占拠の真意

小早川勢が動いたのは十四日だった。この日は偶然ながら家康の赤坂着陣と同日だが、秀秋がこれを知って動いたとするには時間的に無理がある。むしろ、家康に送った使者が帰還して好首尾を伝えたか、西尾正義への約束を履行しようとしたかのいずれかであろう。

この日、江濃国境に近い柏原まで進出した小早川勢はさらに東進して、松尾山に駆け上った。松尾山は戦国期に城があって、別名、長亭軒城とも呼ばれた。

「かの松尾山はその昔、不破河内守（光治）が城地にて、地勢便あるにより、秀秋の

内通露はれて、敵寄るとも防ぎ戦はんために、かの山頭に登りて、陣を居えられしとかや」[軍記大成巻之十五]。

不破光治ははじめ斎藤氏の被官で、のち織田信長に仕え、柴田勝家の寄騎となり「府中三人衆」の一人として知られる。

その頃、松尾山に陣取っていたのは西軍に属する伊藤盛正である。当然、山を登ってくる小早川勢と小競り合いになった。

「松尾山の新城にいり、その城主伊藤長門守某を追ひ払ふ」[寛政譜第十、稲葉正成譜]。「松尾山の新城」とあえて記してあるのは、不破光治時代と異なり、新たに修築を加えたという意味であろう。松尾山に登ると、山頂から北の山腹にかけて、大がかりな遺構が見られる。これはおそらく、一カ月近く山頂に布陣した伊藤勢か、近くの山中に陣した大谷吉継による普請であろう。

盛正は大垣三万石の領主だったが、三成の説得によって居城を明け渡して、領内の今村に仮陣所を構えた。八月十六日、福束城の丸毛兼利を救援するが、東軍に敗退している。その後、身の置き所がなかったのか、この山に仮陣していた。小早川勢はその伊藤勢を追い払った。小大名の盛正としては、小早川勢の大軍に抗すべくもなかった。

盛正は消極的とはいえ、西軍に属している。それを無理やり追い払うのは明らかに利敵行為である。否、心は既に東軍にあったというべきか。板坂卜斎の日記に「筑前中納言殿むほんと風聞候」とあるのは、小早川勢が伊藤盛正を追い払ったことを指しているのかもしれない［慶長記九月十四日条］。

三成が大坂の増田長盛に宛てた書状（九月十二日付）では「江濃の境目松尾の城、何れの御番所にも中国衆入れ置かるべく」云々とある［徳川家康文書の研究中巻］。この「中国衆」は毛利勢のことで、小早川勢ではない。同勢なら「筑前衆」と記すはずである。したがって、秀秋の松尾山布陣は明らかに三成をはじめとする西軍首脳には予想外の行動だったはずである。

小早川勢の松尾山占拠は大垣城にあった三成ら西軍首脳に衝撃を与えた。大垣城は下手をすれば、赤坂と松尾山の双方から挟撃される恐れがある。三成らに大垣から関ヶ原への転進を決意させた最大の要因はこれだと思われる。三成らは西軍主力で松尾山の小早川勢を取り巻いて、東軍への寝返りを防ごうとしたのではないか。

三成は赤坂と大垣での長期対陣に入ってから、東軍に不破関を突破されないように松尾山に陣城を築いて防御拠点にした。ところが、小早川勢による松尾山占拠は三成の関ヶ原防御態勢を覆しかねない出来事だった。

これにはまた、近くに布陣する大谷吉継も対処のしようがなかった。小早川勢は大軍のうえに、吉継が秀秋の利敵行為を厳しく追及すれば、西軍の後方でいくさになりかねない。

そのため、三成や吉継は秀秋の懐柔に出るしかなかった。吉継が秀秋を佐和山城に誘って暗殺を企てたという説も、その文脈でとらえられるであろう。

その際、不安な三成らは秀秋に宛てて、豊臣秀頼が十五歳になるまで関白の地位を約束する連署の起請文を送っている。これが一時的とはいえ、意外な効力を発揮したのかもしれない［関ヶ原合戦史料集九月十四日条］。

決戦が始まってから秀秋が逡巡していたのは西軍と東軍のどちらにつくか迷っていたからというのが従来の通説だった。だがむしろ、本来は東軍についていたはずなのに、関白職という恩賞をぶら下げられて、秀秋に一瞬の迷いが生じた。つまり、東軍から日和見にぶれたとみるべきではなかろうか。秀秋の一時的なぶれがほどなく旧態に戻ったとき、小早川勢は松尾山を下ったのである。

4 島津勢は日和見で戦わなかったのか

二番備えだった島津勢

関ヶ原合戦における島津勢の戦いぶりは、世に「島津の退き口」と呼ばれて名高い。しかし、それは西軍が総崩れになってからの行動であり、肝心の本戦では戦闘に参加しないで傍観していたという説が根強い。たとえば、二木謙一氏は、島津勢の態度を次のように記している［二木一九八二］。

「敵が接近してきても、攻撃さえしかけてこなければ、発砲もしなかった。終始傍観の態度をとりつづけてきたのである」（一六五頁）

「島津は、やむにやまれぬ事情から、西軍として関ヶ原に参陣したものの、戦闘不参加をきめ込んでいたらしい」（一六九頁）

しかし、島津義弘の態度について「傍観」とか「戦闘不参加」という表現が適切な

のかどうかには疑問がある。

関ヶ原合戦に関する島津側の史料で最も信頼性が高いのは『旧記雑録後編三』（鹿児島県史料）に収録された文書群である。そのなかには「退き口」の末に国許（くにもと）まで帰った島津家臣の覚書や書上類が豊富に存在する。それらを手がかりにすると、非常に興味深い事実が浮かび上がってくる（以下、覚書・書上・家譜などは同書所収）。

『黒木左近兵衛申分（さこんびょうえ）』

「雨天にて霧深候て、方々見得かね候、此方御備二備に御坐候」

『神戸五兵衛覚書 木脇休作働之次第』

「此方の御陳の前備前中納言殿、東は石田殿請取の陣場、此方は二備にて候処」

『義弘公御譜』

「石田三成、八十島助左衛門を遣（つか）はし、豊久之陣（とよひさ）において曰（いわ）く、三成先陣を進み敵軍に対し一戦に勝ちを較ぶべし、後陣の軍衆速かに待ち前進して合戦を致されん」

『大重平六覚書』

「取り合ひの賦（くば）り、一番鑓（やり）石田殿、二番中書様（ちゅうしょ）（島津豊久）、三番備前中納言殿（宇喜多秀家）、その続き惟新様にてこれあり、その外大名衆の方々陳取りな

第三部　決戦関ヶ原

され、石田殿一時もこたへず候て、中書様陳場え崩れ掛かり候処、中書様ちと御こたへ成され候て、惟新様は未だお鎧も召されず、ここも如何の様これあり

これらの史料によれば、島津勢は西軍の陣立のなかで「二備」「三番備」「後陣」に位置していたことになる。とくに『大重平六覚書』では、島津豊久（惟新の甥、日向佐土原二万八六〇〇石）が二番、同惟新が四番の備だったという指摘は具体的で説得力がある。

では、東軍方の編纂史料ではどうだろうか。林道春・春斎父子が著した『関原始末記』には次の記述がある。

「石田が家老島左近先手なり、その左の山きは（山際）、織田小洞信高ならびに大阪黄母衣衆段々にひかへたり、島津兵庫頭・同又八郎八石田が後ろに陣をとる」

細川家の家記には「治部少輔が後備の嶋津が喰とめんと兼てご用心有りけるに」云々とある［綿考輯録巻十六］。

黒田長政の伝記『長政記』にも興味深い記述がある。

「治部少輔は嶋津を先手とし、左近を二陣とし、我が旗本を三陣とし、小西・宇喜多を後援として戦ふべきよし、左近と評議しけれども、左近うけこはず（肯わず）。みづから無二の戦をとけられ候へと諫めしかば、その旨にしたがひ、左近を先手とし嶋

津をその横撃に頼みしとかや」［新訂黒田家譜第一巻］。

つまり、三成は島津勢を先手にしょうとしたが、島左近が承知せず、自ら無二のいくさを遂げるようにと諫言したので、三成もそれに従い、島津勢を「横撃」の備えとしたというわけである。ちなみに、横撃というのは敵の側面攻撃をする備えのことで、いわゆる脇備に近いものだろう。

これら東西両軍の史料から、島津勢は先手備ではなく、二陣もしくは脇備という役割を期待されていたとみて、ほぼ間違いない。

近世の合戦絵図や旧参謀本部作成の作戦図などでは、西軍は横一線に布陣しているように描かれているが、そうした見方は修正されなければならないだろう。

ここで、西軍の陣立全体を俯瞰してみる必要がある。そこに三成の作戦意図がどのように反映していたのか、そのなかで島津勢がどのような役割を与えられていたかも、ある程度判明すると思われるからである。

西軍の事実上の総大将だった三成が信頼し、かつ掌握できたのは、大垣城在陣の諸将と大谷吉継だけだった。三成はこの軍勢による一糸乱れぬ陣立で東軍を圧迫することによって、松尾山の小早川秀秋と南宮山の毛利秀元・吉川広家（栗原山の長宗我部盛親・長束正家）らの戦意を引き出そうと企図していたのではないか。

大垣城から着陣した西軍諸勢は北国脇往還沿いから巽（南東）の方角に向かって布陣していた［慶長記上・九月十五日条］。島津勢を二の備えだとすると、陣形は鶴翼に近い。小西行長勢も島津勢同様、二の備えだった可能性もある。右翼先手は大谷吉継とその寄騎衆、扇の要の位置には宇喜多秀家勢がいた。

すなわち、西軍の左先手が石田勢、右先手が大谷勢という陣容になる。三成としては、豊家の命運を決するこの一戦で、やはり豊家の支柱である自分が戦端を開くべきだと考えたのではないか。

このあたりの感覚は意外にも、徳川家康と近い。家康は先陣を福島正則に決めながらも、井伊直政（なおまさ）と松平忠吉（ただよし）に抜け駆けさせたことがそれである。

島津傍観説、三成との不仲説は事実か

戦国時代の合戦全般にいえることだが、合戦の帰趨（きすう）は先手衆の戦い方如何（いかん）によって決まるといっても過言ではない。

関ヶ原合戦でも当然のことながら、西軍先手の石田勢六〇〇〇と宇喜多勢一万数千の戦いぶりがそのカギを握っていた。そして、両勢は東軍の大軍を引き受け一刻（いっこく）ほど奮戦した。しかし、小早川秀秋の裏切りにより、相前後して総崩れとなった。

合戦のセオリーどおり、先手の両勢が敗退したので、関ヶ原合戦の勝敗は決したのである。二の備だった島津勢(あるいは小西勢)に出る幕はなかったというのが現実だったのではないだろうか。

それなのになぜ、島津傍観説が生まれたのだろうか。

もとより、二の備が参戦するのは形勢次第であり、そのときまで予備軍として待機しているのは当然であろう。また島津義弘は三成の家来ではないから、参戦の潮時は自身で決断するのも当然である。

義弘は合戦中、ただ傍観するだけではなかった。『義弘公御譜』には次のような記述がある【旧記雑録後編三・一一七〇号】。

「すでに三成の先備志摩左近(島左近)・雑賀内膳等、敵兵に対し羽箭を飛ばし鉄炮を発し、長寿院・毛利覚右衛門をして軍務を労い、且つ戦場の行を達せしむるは再往の際、計らずも筑前中納言忽ち変心逆戈す」

義弘は開戦後、家来の長寿院盛淳と毛利覚右衛門を三成の陣所に遣わして見舞い、「戦場の行」すなわち作戦について三成との間で「再往」しているのである。二の備である義弘が参戦時機を見定めようとしていた様子がうかがわれる。

また『山田晏斎覚書』には、僚将と思われる亀井茲矩(因幡鹿野三万八〇〇〇石)

から鉄炮衆の加勢を求められたので、麾下の浜之市衆や福山衆から鉄炮衆を引き抜いて派遣したという。しかし、これらの鉄炮衆が亀井勢の備に着く前に味方が崩れ出したとある。亀井茲矩はこののち、東軍に寝返っている。

このようにみると、島津勢は決して戦っていないわけではない。冒頭にあげた『大重平六覚書』にあるように、惟新が甲冑を着す間もなく西軍先手が崩れ出したというのが真相ではないのか。

島津傍観説の主な理由は、合戦中、三成の使者を追い返したことと、また三成自身の参戦要請さえも拒んだことであろう。

この点については島津側の史料でも裏付けられるので、ほぼ事実であるようだが、そのいきさつは仔細に検討するに値する。

豊久とともに島津勢の先手大将だった山田有栄の手記『山田晏斎覚書』によれば、三成の家来八十島助左衛門が駆け込んできた。

「八十嶋殿使に申し参り候、その時は此方備の中より、馬上より口上尾龍（尾籠）の事に候、討ち取り候へなどと口に悪口申候へば、則ちかけ戻り候」

八十島助左衛門は朝鮮出兵のときにも、島津義弘への申次をつとめていた人物である。その気安さがあったのか、助左衛門は島津方の陣所のなかに騎馬で駆け入り、し

かも馬上から口上を述べた。助左衛門としては火急の用だからやむをえないと思っていたかもしれないが、軍法違反には違いないから、島津方将士の感情を著しく逆撫でした。

助左衛門が逃げ帰ったのち、三成本人が単騎やってきた。『山田晏斎覚書』によれば、三成と対面した豊久と三成の間で次のような会話があった。

「今日の儀は面々切に手柄次第に相働くべく候、御方（三成）もその通りお心得あるべき由直ちに仰せられ候へば、近比よくござあるべくと仰せらる」云々。

おのおのが手柄次第に働くというのは、島津は誰の指図にも従わないと宣言したに等しい。豊久の言葉を聞いて、三成は「近比よくござあるべく」と答えた。「近比」には「大変」とか「非常に」という意味があるので、この場合、「非常によくあることだ」という意味であろうか。

島津惟新の伝記には「三成この言をきひて気力減じ、勇敢衰へて曰く、可ならんか、卿(なんじ)が言のごとくにせよ」とある［惟新公関原御合戦記］。いずれにせよ、三成が落胆したであろうことは想像に難くない。

三成は悄然(しょうぜん)として自分の陣所へ戻っていったが、『山田晏斎覚書』によれば、「手備に帰着され候はんと存じ候時節、はらはらと敗軍候事」とあり、三成が陣所へ帰り

着く前に、石田勢が敗軍したと記しているのが注目される。

これ以前、三成が豊久と会見したとき、『義弘公御譜』や『惟新公関原御合戦記』によれば、三成が豊久に「道の宜しからざる事」を告げたとある。「道」とはいくさや作戦のことだから、三成はこの時点で、すでに形勢が芳しくないと判断していたことになる。

右同書では、豊久と三成の会見の前段に秀秋の裏切りを述べていることからも、どうやら、この会見は秀秋の裏切りが露見したのちに行われた公算が高い。三成は秀秋の裏切りが全線に波及する前に、最後の決戦に打って出ようと島津勢に合力を依頼しに自らやってきたのではないか。

逆にいえば、義弘・豊久が三成に対して掌を返すような態度に出たのは、秀秋の裏切りを知ってからのことだと思われる。この点は極めて重要ではないだろうか。

というのは、島津方は伏見城攻め以来、いろいろ不満を抱えながらも、三成の下知によく従っていた。それは島津方が三成を西軍の事実上の総大将と仰いでいたことの証左でもある。それが愛想づかしという結果になったのは、豊家家門である秀秋一人すらも統制できなかった三成の力量不足への不満のあらわれにほかならない。

義弘や豊久にすれば、「秀頼様御為」（七月二十九日付、本田正親・伊勢貞成宛て義

弘書状など〕と念じて西軍に加わった〔旧記雑録後編三・一一四二号など〕。それなのに、太閤秀吉の猶子で豊家一門に等しい小早川秀秋がまっ先に味方を裏切るような不様ないくさに、外様のわれらが付き合う義理はもはやなかろうというのが偽らざる本音だったのではないだろうか。

島津家にとって、三成は豊臣政権の取次として交渉や指導を担当し、また島津領に対する文禄検地の惣奉行でもあった。島津家の内政にも介入して、島津家が豊臣大名として立ち行くように、いろいろ面倒もみてきた〔山本博文一九九〇〕。

それだけに、義弘には三成への畏敬の念があった。当初は家康に加担するつもりだったのに、やむをえず西軍に投じたのも、三成への信頼が根底にあったからだと思われる。

その信頼関係が、秀秋の裏切りをきっかけに、いっぺんに崩れ去ったのではないか。また家康を上回る歴戦の強者である義弘なら、秀秋の裏切りで、この一戦の大勢が決したと即座に理解したに違いない。さらに一〇〇〇人にも満たない手勢では、この期に及んでは如何ともしがたいという冷厳な現実も見据えていたはずである。

だから、島津方は三成に対して「手柄次第に働く」、自分のために戦うしかないと告げるほかなかったのである。

こうしたいきさつを踏まえれば、島津勢の態度を傍観、日和見と決めつけるのは早計だといわねばならない。

島津傍観説が今日なお根強いのは、義弘と三成が不仲だった、確執があったからだと巷間信じられているせいかもしれない。

では、不仲や確執の中身が具体的に何を指すかといえば、合渡川の合戦での三成の一方的な退陣と、本戦前夜の軍議で豊久の夜討ち策を島左近が斥けたことという二つの出来事であろう。

まず前者だが、岐阜城が落ちた八月二十三日、東軍の黒田長政・田中吉政・藤堂高虎らは長良川の渡しである合渡を押し渡り、石田勢の舞兵庫・杉江勘兵衛らを破り、大垣に迫ろうとした。

揖斐川の呂久の渡し（佐渡とも）に陣していた三成と行長は危機感を覚え、合渡の下流、墨俣の渡しを守っていた義弘を呼び寄せて軍議を開き、大垣城に退くことに決した。墨俣は清洲と大垣を結ぶ美濃街道の要所だった。

このとき、義弘はわずかな供廻だけしか従えておらず、麾下のほとんどは墨俣にした。石田・小西両勢が退けば、島津勢だけが取り残されることになる。『大重平六覚書』によれば、退こうとする三成に義弘の家来二人が馬の口を取って再考を迫ったが、

三成にすげなく拒絶される。

「新納弥太左衛門殿・川上久右衛門殿、治部少輔殿馬の口を取り、兵庫頭殿(ひょうごのかみ)愛許(ここもと)へ相はまられ候、めれん(未練？)罷(まか)り成るまじく候よしと申され候へ共、馬を引き立て大垣の様(よう)(方向)に籠りなされ候」[旧記雑録後編三・一二四八号]

この覚書を、後世の島津家の史書『西藩野史』や『新納忠元勲功記』が採用したので、広く知られるようになった。すなわち、三成は自分だけ大垣城へ退いて島津を見捨てようとしたというわけである。

大重平六は小者ながら、退き口で帰国した一員であるから、その証言は尊重しなければならないが、合渡川の合戦に関して言及しているほかの史料『義弘公御譜』『木脇休作働神戸五兵衛覚書』『神戸久五郎覚書』、さらに江戸期の編纂伝記『惟新公関原御合戦記』にも、そうした事実は記されていないことをつけ加えておきたい。

また、このとき、三成も麾下の高野越中や蒲生郷舎(さといえ)を伊勢街道沿いの駒野に出陣させて、高須城の徳永寿昌・市橋長勝ら東軍方に備えさせていた。このことはあまり知られていない。つまり、三成も家来を前線に残しているという点では惟新と同じ立場にあったのである[朝野旧聞裒藁・八月二十六日条]。

後者の夜討ちの一件については、『旧記雑録後編三』所収の諸史料には一切記述が

ない。管見のかぎりで、島津側の史料では、江戸後期に成立した『西藩野史』の記述が大きな影響を与えたと思う（ほぼ同様の逸話は『東照宮御実紀』巻四にもある）。

それによれば、義弘の命を受けた豊久が三成の陣所を訪ねて、「家康が赤坂に着陣したばかりだから夜討ちすべきである。ついてはわれらが先手をつとめよう」と述べたところ、三成の傍らにいた島左近が反論した。

「それ敵の不意を撃つは強弱・衆寡相敵せざるの類に用ゆべし、今や我れ衆して彼寡し、況や内府の雄略また恐るるに足らざるをや」

左近は続けて、家康の武略を恐れない理由として、自身が山県昌景の配下にあって家康と戦い、数回破ったことを得意げに語った。

豊久は「家康の武略は年とともに円熟して本朝でその右に出る者はいない。家康を侮ると敗死するのは疑いない」と言い捨て、憤然として席を蹴ったというのである〔新薩藩叢書二〕。

しかしながら、出典を明記することが多い同書がこの件についてはなぜか出典を明らかにしていないし、島左近が山県昌景に仕えたというのはにわかに信じられないから、筆者得能通昭（江戸詰の島津家臣）の創作の疑いが濃厚である。

それよりむしろ、三成が惟新にかなり気を遣っていた形跡がある。すでに右でみた

ように、墨俣の渡しを守っていた惟新主従が前線に取り残されて、急ぎ大垣城に引き返す途中であった。『神戸久五郎覚書』によれば、日没になろうとする頃、前方から一騎の武者が駆けてくるのが見えた。

「中途にて黒具足（ぐそく）、甲の立物（たてもの）には水牛の角立物仕り候武者、早道にて此方へかけむき申し候をご覧なされ候へば、石田治部殿ただ壱人、供衆・乗馬壱人も付け申さず候、治部殿仰せられ候は、佐渡において惟新様ご辛労遊ばされ候由相聞こえ申し候間、お見廻りのため参り候由仰せられ候」

なんと、三成が供廻も率いず単騎で惟新主従を出迎えにやってきたというのである。墨俣からの退却で苦労していると聞いて、見舞いにきたと三成が告げたという。これは僚将への細かい気配りというべきで、冷徹で横柄という従来の三成像とは相当かけ離れている。

また右同覚書によれば、島津勢が墨俣の渡しを守っていたとき、押川郷兵衛という強者が長良川の対岸まで物見に出かけて敵の首級を奪ってきた。三成はそれを聞いて、「大柿（大垣）の太刀（たち）始め」であると絶賛して、郷兵衛に大判一枚を与えた。それをみた島津の兵士たちは「人々浦山敷き（羨ましき（うらやましき））躰（てい）」だったという。

こうした末端の兵たちの間では、島津方と三成の間で険悪な空気は感じられず、む

しろ三成への好意さえ看取される。また彼らの覚書や書上では、三成を「石田殿」「治部殿」と呼んでいることから、これらの史料が関ヶ原合戦後ほどない時期に成立したことをうかがわせる。

こうしてみると、三成と惟新が不仲、遺恨といわれる根拠は『大重平六覚書』にわずかな行き違いがあったことを除けば、同時代史料には一切見あたらない。江戸期以降、家康に敵対することになった関ヶ原合戦の不都合を糊塗する必要から、三成を悪者にする島津史観が形成されたといえないだろうか。

5 井伊直政はなぜ「抜け駆け」したのか

徳川軍の「先勢」として

東西両軍二十万人近い大軍がひしめいた関ヶ原合戦で、両軍激突のきっかけを強引につくった人物は井伊直政だった。それも軍法破りすれすれの抜け駆け行為によってである。直政がいかに果敢な武将とはいえ、なぜ一見無謀な行動をとったのか、その背景には複雑な事情が潜んでいるように思われる。

井伊直政は上州高崎一二万石を領し、徳川四天王の筆頭に名を連ねて、徳川家康の股肱中の股肱として知られる。また一女が家康の四男、松平下野守忠吉に嫁いでいた。

会津攻めのため、野州小山に集結していた東軍方が一転して上方に兵を返すことに決したとき、『東照宮御実紀』巻四によれば、家康は「しかれば清洲、吉田両城は敵地に近きをもて、正則、輝政先陣あるべし」として、福島正則と池田輝政を先陣に命

じている。この命令に従い、豊家恩顧の大名たちは西上を急ぎ、清洲城に集結した。この反転に際して、家康は直政を軍監（軍目付）にすることを福島はじめ諸将に通達している。いわく、「今度先勢として井伊兵部少輔差し遣わし候条、行等之儀、我々出馬以前は何様にも彼の指図次第に仰せ談ぜられ候」［徳川家康文書の研究中巻、八月四日条］。

「行等之儀」すなわち合戦のやり方などは、家康の代理たる直政が指図するというのである。直政に対する家康の信任の厚さがうかがわれる。

もっとも、直政はこの直後、急病で伏せってしまった。そのため、家康は本多忠勝を代わりに軍監に指名した。直政もしばらくして本復して西上したので、結局、二人が家康の軍監という形になった。

福島正則と池田輝政の両先手、直政と忠勝の両軍監——この組み合わせが東軍の岐阜城攻めから赤坂進出まで一貫して生きていた。たとえば、岐阜城攻めのとき、福島正則が池田輝政より先に攻めかかることを強硬に主張したとき、直政・忠勝とも「御先手の事は誰が争び申すべき」として、正則の主張に同意している［綿考輯録巻十四］。

ところが、岐阜城攻めでは遠回りすることになった正則が輝政に先を越されたために激怒し、輝政を討ち果たしてくれると息巻く一騒動まであった。結局、輝政が大手

口の攻め口を正則に譲ることで決着したけれど、正則の自尊心の強さを、直政と忠勝も十分承知していたはずである。

家康が赤坂に着陣したのは決戦前日の九月十四日である。この時点で、直政と忠勝は軍監の役目を終えたといってよい。二人とも、それぞれの「備」の大将に戻ったのである。

いよいよ決戦当日、西軍主力が大垣城から関ヶ原に転進したのをみて、東軍も赤坂から関ヶ原に向かう。その行軍序列は『関原軍記大成』などによれば、先手一番が福島正則・藤堂高虎ら、同二番が黒田長政・細川忠興ら、同三番が松平忠吉・井伊直政・本多忠勝ら徳川勢だった。

東軍先手衆の陣立については、右の行軍序列とは別の表現もある。たとえば、『黒田家譜』では左軍・右軍・中軍とし、『太田和泉守記』や『慶長記』では「御先陣」として福島正則・細川忠興・加藤嘉明・黒田長政・井伊直政・本多忠勝・大野治長を並列的に挙げるだけで、諸将間の序列化もしくは差別化はみられない。

ここで注目すべきは、岐阜城攻めで先陣の一人だった池田輝政が南宮山の毛利勢の押さえに置かれたことである。すなわち、小山からの反転以来、福島・池田の両将を排他的に両先手とするという了解事項がずっと守られてきたのに、ここに至って、そ

の意味を失ったのではないか。つまり福島も先手衆のワンノブゼムにすぎなくなったということである。

しかし、仮にそうだったとしても、実際の布陣のありようはおのずと別ものである。

行軍序列の関係もあって、左翼の福島らは中山道沿いを占め、右翼の黒田・細川らは石田三成の陣する笹尾山の前面に横並びに布陣した。そのため、先手中軍の松平忠吉・井伊直政らは前途を塞がれた形となり、直政自身は前線から引っ込んだ茨原という場所に布陣せざるをえなかった。

直政の独断専行にみえる「抜け駆け」はまさにこの布陣位置への不満から生じたものではなかったか。その際のポイントは二つ。ひとつは家康の密命があったか否か。もうひとつはなぜ松平忠吉を同行したかということである。

前者から考えると、直政は小山陣のときから、「上方衆（豊家恩顧の諸大名）だけで敵を破れば、彼らの広言をのちのちまで許すから、ぜひ徳川の一手が先手に加わるべき」だと家康に進言していた。直政は、家康が自分の意見に暗黙の支持を与えているという確信があったのではないか。後方の桃配山にいる家康の許可など得ず、戦場での臨機応変、咄嗟の判断ではなかろうかと思う。

松平忠吉は家康の四男で、秀忠と同腹の弟である。武蔵忍一〇万石の大名であり、

この合戦には小笠原和泉・富永丹波という家老クラスの陣大将がいたことが確認されるから、井伊勢と同じくらいの軍勢を擁していたと思われる。直政は家康から初陣の忠吉の後見を命じられていた。

新井白石は「徳川殿御代官として守殿（忠吉）、海道の大将承らせ給ひ」と記して、忠吉を東海道筋を進んだ東軍の総大将に擬している［藩翰譜第五巻・薩摩守殿譜］。

そういえば、実兄秀忠は中山道軍の総大将であり、長兄の結城秀康は宇都宮で上杉景勝に備えている。家康の三人の息子が重要な三方面において総大将をつとめたと解釈するのは面白いのだが、最近の研究では、忠吉に限ってはそのような地位になかったとされる［笠谷和比古一九九四］。

直政にとって、娘婿の忠吉の存在は二重の意味で重要になった。忠吉に光栄ある初陣を飾らせることと、天下分け目の合戦を徳川軍によって火蓋を切るという秘やかな目的とを同時に達成できる可能性が出ていたからである。

では、忠吉を擁した直政の「抜け駆け」は何をきっかけにどのようになされたのか。東軍の先手衆は山地の高台に待ち受ける西軍陣所に押しかけたものの、福島勢さえ宇喜多勢と銃撃戦を繰り返してお茶を濁すだけで、人数をくり出してはいなかった可能性がある。

一説によれば、正則は先手の福島丹波に命じて宇喜多陣へ弓・鉄砲を発した。これに宇喜多方も応戦したものの、「この時諸隊においても鼓・螺(かい)の声盛んに起れり、然れども両軍未だ刀鎗(かたなやり)の接戦を為す者あらず」という状況だった[関原合戦図志]。またこれを裏づけるように、細川家の家記には「少しづつのせり合は間々これあるまたこれを裏づけるように、様子に候へども、塩合(潮合)をはかって猥(みだ)りにかからず、敵方は家康公南宮山を後になし軍をすすめ給はば、前後より馳せ懸り打ち取り奉るべき為に備を堅めて戦を挑まずと也」とある[綿考輯録巻十六]。

宇喜多方が福島勢を天満山の麓(ふもと)まで引き付けて一気に叩(たた)こうとしているのが明らかだったから、正則とて、その術中にはまるわけにいかなかったのであろう。

直政はその膠着(こうちゃく)状況を好機とみたのではないか。自らが動くことで本格開戦の触媒役になろうとしたのである。『関原軍記大成』によってこの間のいきさつをみてみると、茨原に陣していた直政は麾下(きか)の指揮を家老の木俣土佐(きまたとさ)に委ねて、忠吉の陣所に赴(おも)き、その家老小笠原和泉と富永丹波を説いて忠吉の同行を同意させて前進した。その人数は両勢合わせて三〇〇人ほどだったという。

直政と忠吉主従の一行が福島方の陣所脇を通り抜けようとしたところ、正則麾下の可児才蔵(かにさいぞう)から誰何(すいか)され、「今日の先手は福島左衛門大夫(さえもんのたいふ)なり。誰も通すわけにはいか

ぬ」と伝えられた。直政は平然と「内府子息、松平下野守が初陣ゆえ、敵の形勢を見るために物見するだけであり、功を争ったり抜け駆けしたりするためではない」と釈明した。才蔵はなおも疑い、「されば、人数を残し手勢のみ召し連れられよ」と要求したので、直政もしかたなく受け容れ、四、五十騎ばかりで駆け出した。

かくして、わずかな人数で最前線に躍り出た直政・忠吉主従だが、その矛先がどこに向けられたかについて、諸書の多くが島津義弘の陣所に攻めかかったとしている。

しかし、これは明らかに無理があろう。島津方の陣所はあまりに遠すぎるし、方角が不自然すぎる。そこに達するには、今度は東軍右翼の諸勢との諍いが起きた可能性さえある。

この点について、幕府史家の林道春・春斎が編した『関原始末記』は「浮田島津が勢と相戦ひ」と慎重に記述している〔関原始末記下〕。新井白石も炯眼で、宇喜多勢と戦ったはずだと主張し、合戦の最終局面で有名な島津方の退き口を遮って戦ったことと時間的に混同しているのではないかと注記している〔藩翰譜第五巻・薩摩守殿譜〕。従うべきであろう。

戦勝後、直政は家康や諸将の面前で、「今日の合戦を先鋒の士に先立って始めたことを、それぞれ遺恨に思っているであろうか」と豪語すれば、家康も「汝が行動は今

に始まったことでない」と返してすこぶる上機嫌だった。徳川のいくさにしたいと念じた直政の独断専行は、家康の内意にかなっていたのである［寛政譜第十二・井伊直政譜］。

　しかし、このとき、福島正則が異を唱えて、直政の抜け駆けをなじったという話は残っていない。不思議なことではある。正則はこのあと、家康の面前でも、言いたいこと腹を切らす事件を起こしているくらいだから、たとえ家康の面前でも、言いたいことを遠慮するような男ではない。それをしなかったのは、やはり正則が絶対唯一の先手だったのではなく、先手衆の一人にすぎなかったことと、宇喜多勢との本格開戦の機を摑めずにいたことを直政に見透かされたという「恥」の意識がそうさせたのかもしれない。

6 宇喜多勢は本当に精鋭だったのか

宇喜多家中の内紛

宇喜多秀家は秀吉の猶子となった関係から、豊臣「公儀」に奉公する気持ちがことのほか強かった。また正室南の方(前田利家の四女豪姫)も秀吉の養女となって上方にあった。

秀家に代わって国政を預かったのは、老臣の長船綱直である。綱直は文禄三年(一五九四)の伏見城普請で普請奉行をつとめたとき、秀吉に認められて、宇喜多家の国老となった。

秀家—綱直の統治は中央政権への奉公を一義とし、たとえば、太閤検地の忠実な実施、朝鮮出兵の軍役や伏見築城などの諸課役を積極的に負担したために、領国の給人(軍役負担者)や農民の負担はかなり過重になったといわれる。また南の方の豪奢な

生活に対しても、領内の不満は大きかったようである。

また国政を担当した綱直は中村次郎兵衛（南の方付きの前田家旧臣）や浮田太郎右衛門を重用したが、南の方の影響があったのか、いずれも熱心なキリシタン信者だった。ところが、国許は「備前法華」と呼ばれるくらい法華宗が強い土地柄だった。門閥的な重臣層と新興の出頭人勢力（長船派）の対立は、大名権力の確立を図る集権派と中央からの負担を回避したい国許の国人衆が結束した分権派の抗争だっただけでなく、宗教対立も孕んだ重層的なものだった。

文禄四年（一五九五）、花房職秀が国老綱直の更迭を主君秀家に直訴したが、逆に秀家の不興を買って致仕のやむなきにいたった。これで、分権派の不満が一層高まった。秀吉が没すると、家中の不穏はますます激しくなった。慶長四年（一五九九）、国老の綱直が他界したが、これには戸川達安らの毒殺さえ囁された。

同年秋、戸川達安・岡家利・宇喜多詮家・花房正成・楢村監物・中吉与兵衛といった分権派の重臣がそろって大坂に上り、秀家に寵臣中村次郎兵衛の引き渡しを要求した。秀家はこれを拒絶して次郎兵衛を郷里の加賀に落ち延びさせると同時に、戸川らに討手を差し向けた。

そのため、戸川ら二五〇余人は玉造の宇喜多屋敷に立てこもるという一大事件に発

展した。翌五年正月、徳川家康の調停により、ようやくこの騒動は一段落した。

その結果、戸川父子・花房・中吉は家康がいったん預かり、のちに戸川は常陸に蟄居、花房と中吉は増田長盛預かりで大和郡山に蟄居となった。宇喜多詮家・岡・楢村・角南らは国許に帰参が許された。そして国老には中立を守った客分の明石全登（熊野保木三万三一一〇石）が任命された［備前軍記］。

一応、家中の平穏は戻ったものの、関ヶ原合戦を前にして再燃することになった。会津出陣が決まると、秀家は宇喜多詮家・戸川達安らを先手衆として派遣した。六月十九日のことである［右同書］。

ところが、その後、秀家は三成らと語らい、西軍として挙兵に及んだ。それを知った宇喜多詮家や戸川達安らは憤然として家康に投じた。また、出陣を許されずに国許に留め置かれた楢村監物や角南隼人ら旧分権派は処遇への不満を理由に出奔した。再び家中の分裂が明らかになったのである。

　　　宇喜多軍団の構成

関ヶ原合戦に参陣した宇喜多勢の兵数はどれくらいだったのであろうか。諸書によって、いろいろな説がある。たとえば、

「一万八千人」［真田昌幸宛て石田三成書状、真田家文書上巻五六号］
「浮田が勢一万二千」［関ヶ原合戦当日記］
「騎馬千五百、雑兵一万五千」［備前軍記］
「二万余人を五段に立てて」［軍記大成巻之二十四］

中間をとって、『備前軍記』の数値が比較的妥当であろうか。

関ヶ原に結集した西軍の最大軍団である宇喜多勢だが、その量はともかくとして、質的な面では疑問視されている。たとえば、寺尾克成氏は次のように指摘する［寺尾二〇〇〇］。

「宇喜多勢の前面に展開する福島勢は約六千、宇喜多勢の約三割程度の軍勢である。宇喜多勢は正面の敵に三倍する兵力を有しながらこれを破ることができず、逆に五分の戦いを強いられたこと自体、宇喜多勢の戦闘力の低下が疑問視されるのである」。

重要な指摘であろう。なぜ、宇喜多勢は見かけと違って弱体化していたのだろうか。

それはこれまで述べてきたように、家中の内訌による重臣層の離反・出奔が最大の理由であることは言をまたない。

家康方についた宇喜多詮家・戸川達安・花房職秀、蟄居したままの岡家利・花房正成らはほとんどが万石以上の禄高を知行する大身であり、宇喜多軍団のなかでは、先手備を受け持つ陣大将だった。

『浮田家分限帳』をもとに、宇喜多軍団の先手備がどのような変容を遂げたのか、次頁の表をみてみよう[続群書類従第二十五輯上]。

六人の陣大将（旗頭）のうち、じつに戸川達安・岡家利・宇喜多詮家・花房正成の四人が離反するか蟄居して脱落している。健在なのは長船定行と明石全登の二組だけである。

それだけではない。宇喜多軍団の備は「組」と呼ばれていたが、陣大将を補佐する組頭クラスからも多くの離反者を生んだ。六組の組頭一一人のうち、じつに七人が脱落している。

それぞれの組には、与力や足軽（鉄炮衆）などが付属して、ひとつの備を構成するが、この与力クラスでも脱落があった。

これらを合計すると、六組の先手備の総禄高二〇万八八二一八石のうち、一一万一六四九石分が脱落したことになる。これは五三・五パーセントと、過半を占めていた。

つまり、宇喜多軍団の主要な打撃力である先手備は多くの陣大将や組頭が脱落し、

宇喜多軍団先手備の陣容と離脱者の割合

旗頭	組頭 (含旗奉行)	与力・足軽	総禄高	離脱者 (禄高合計／割合)
×戸川逵安 25.600石	×新免宗貫 (3.600石) 岡市之允 (3.160石) ×納所弥右衛門 (1.500石)	与力87人 (14.828石余) 鉄炮衆40人 (800石)	49.488石	14人 (36.570石 ／73.9%)
×岡　家利 23.330石	×明石宣行 (4.500石) 湯浅九郎兵衛 (810石) ×生石惣右衛門 (2.500石)	与力129人 (13.982石)	45.122石	6人 (34.280石／ 76.0%)
長船定行 24.084石	×長田右衛門允 (3.000石) ×浮田平吉 (6.000石)	与力91人 (11.015石)	44.099石	4人 (11.010石／ 25.0%)
明石全登 33.110石		与力不明 (1.800石) 足軽40人 (800石)	35.710石	0人
×宇喜多詮家 14.079石余	×浮田織部 (500石)	与力25人 (2.250石) 鉄炮衆40人 (800石)	17.629石	3人 (14.709石／ 83.4%)
×花房正成 14.860石	梶原平次 (850石) 湯原与一 (200石)	与力15人 (890石)	16.800石	3人 (15.080石／ 89.8%)
6人 (4人)	11人 (7人)	与力347人 (18人) 鉄炮衆・足軽 120人	208.848石	30人 (111.649石 ／53.5%)

×：旗頭・組頭の離脱者。『浮田家分限帳』(『続群書類従』第25輯上所収)より作成。
　数値は同書と異なる部分もある。

兵数の過半を喪失していたといっても過言ではない。玉造の宇喜多屋敷での騒動からわずか半年ほどで、この欠員を補充し、軍団の再編成ができたとはとても思えない。

この点について、興味深い史料がある。宇喜多勢の先手衆として会津陣に従軍しながら、東軍についた戸川達安と、宇喜多軍団の中核というべき明石全登が敵味方に分かれながらも、書簡を交しているのである。

往復書簡の日付は八月十八日と十九日なので、宇喜多勢の動きに探りを入れている。全登は家中騒動のとき、キリシタンながら中立を保ったので、離反した重臣層の受けもよかったようである。

まず先に出した達安の書状をみると、「今度は不慮の御たてはかり（立て別れ）是非なき次第」と敵味方に分かれたことを残念がりながら、「全登が一人で伊勢にいるのに、秀家はどこに在陣しているのか」とか、宇喜多勢の動きに探りを入れている。達安が清洲、全登が伊勢安濃津にいたときと思われる。

とくに注目すべきは次の一節であろう［岡山県古文書集第三輯］。

さて〴〵秀家ご身上の儀、この時滅亡と存じ事に候、貴殿いかが思し召し候哉、侍従殿（秀家の男子）の御事、幸ひ内府様むこ（聟）にさせられ候御事に候間、お家あひ続く候様には、貴殿ご分別にて如何やうとも罷り成るべき事に候。

秀家の息子を家康の聟にしようというのである。これはもちろん、家康の内意から出たものであり、家康が達安を介して、姻戚関係を築くことで秀家を調略しようとしていたことがうかがわれる。達安はこの一件をあえて全登に伝えることで、全登の奔走を期待したものと思われる。

一方、全登の返信はさっそく翌日に出されたが、達安がもたらしてくれた情報に対して、秀家が草津に在陣していることを告げるなど、相応の返答をしている。そして「此度善悪にお目に懸るべしと存じ候事」として、良くも悪くも戦場で見えようと応じている。もっとも、達安が申し出た秀家の息子を家康の女婿にする話については確答していない。宇喜多軍団の編成との関連で注目すべきは次の一節である［右同書］。

秀家ご家中の儀、仰せ越され候、誠に覚期（覚悟）なき故、外実悪しく罷り成り候、然れども、お聞き及びもこれあるべく候、上方において人の存じたる衆余多相抱へ候、存外丈夫にこれある事に候間、その段においてはお心安かるべく候。

家康の「外実」（外聞の意味か）が悪くなったけれども、上方で名前の知られた牢人衆などを召し抱えたので、宇喜多勢は「存外丈夫」になったので、ご安心下さいと答えている。やはり、宇喜多方では欠員を牢人衆の召し抱えという形で補充していたことが判明する。

だが、全登が豪語した割に、関ヶ原決戦で宇喜多勢がその力を十分に発揮したとはやはり思えない。

宇喜多勢は福島勢とどのように戦ったのか。一説によれば、「正則の強兵、我れ劣らじと戦ひけれども、備前勢に駈け立てられて、四、五町計りも引き退く」とある[軍記大成巻之三十四]。

しかし、福島勢もすぐ盛り返して、その後も一進一退の戦いがつづいた。

そうしている間に、小早川秀秋の裏切りにより、宇喜多勢右翼の大谷吉継の陣が総崩れとなり、左翼の小西行長も戸川達安や宇喜多詮家に破られた。宇喜多勢の両勢は大胆にも秀家の旗本にも攻め寄せたので、「西山久内・浅井与九郎・内餌小四郎等、屈強の者百余人、その他雑兵合せて二千余人が討死せり」という[関原合戦図志]。

それでも、秀家の旗本は動揺せず泰然としていたというが、左右両翼の僚軍が総崩れとなったうえは、それ以上支え切れるものではなかった。

三分の一の福島勢と互角に戦ったところに、宇喜多勢が家中騒動の後遺症を引きずっており、対症療法だけでは軍団の根本的な立て直しができなかったことを示している。

7 「島津の退き口」はどのように行われたのか

死中に活を求めた前進退却戦の実態

九月十五日、深い霧の晴れ間がみえた巳の刻（午前一〇時頃）に始まった合戦は、早くも未の刻（午後二時頃）には勝敗の行方が決した。東西両軍あわせて二〇万近い大軍が集結して天下分け目の合戦と称した割にはあっけない幕切れだった。

石田三成・宇喜多秀家・小西行長らの西軍諸勢が総崩れとなるなか、ひとり備を崩さずに孤高を守っていたのが、島津惟新とその麾下だった。

惟新、当年六十六歳。東軍の総大将徳川家康よりも七歳年長で、関ヶ原に蝟集した二〇万人近い将兵のなかでも、たぶん最長老だったのではあるまいか。惟新のそばには家老の長寿院盛淳がいた。小早川秀秋の寝返りを知っても、惟新はいささかも動じる気配はなかったが、二、三度悔しげにつぶやいたという。

「薩州勢五千召し列ね候はば、今日の合戦には勝つものを、両三度に及び、御意を遊ばされ候」[旧記雑録後編三・一三四〇号]。

しかし、惟新の手許には五〇〇人どころか、わずか一〇〇〇人ほどの軍勢しかなかった。かつて朝鮮の陣(泗川の戦い)で一〇倍する明・朝鮮連合軍を撃破した惟新の武勇は天下に鳴り響いていたから、このつぶやきも決して大げさでも負け惜しみでもなかった。

大勢が決したのを見定めた惟新は自らの進退を素早く決した。『神戸五兵衛覚書』によれば、惟新は石田勢を突き崩した東軍の「その猛勢の真中へ」打ちかかり、「大敵を討ち捕へ真中を切り明け、東のごとく(方向)に「切り通」そうとした。「大敵」とはおそらく家康本人のことであろう。

そののち、どうするのかと家来に尋ねられると、惟新は「大柿(大垣)へお籠もりなさるべきとの御意」を示した。しかし、南宮山麓に達したとき、大垣方面を眺めたら、すでに火の手が上がっていたので、大垣入城は諦めて伊勢路に向かうことになった[右同書一三三〇号]。

前進退却に決すると、軍令が発せられた。

「早く鉄炮を放つなかれ。また剛躁にして外すなかれ。師験である腰の間に挟む削掛、

または刀の鞘の蛭巻をともに解いて捨てよ」［惟新公関原御合戦記］
削掛や蛭巻は同士討ちを避けるための目印だった。これらを捨てよというのは、敵勢のなかに目立たぬように紛れ込むことを意味した。

島津勢の先手備は島津豊久（惟新の甥）で、同じく先手右備は山田有栄（山田晏斎覚書の主）で、惟新の本陣はその後方にあった。

前方から勢いに乗る東軍の大軍が押し寄せてきた。島津の退き口に参加して生き残った『黒木左近兵衛申分』によって再現してみると、

「敵が膝に懸け上がるほど寄せつけてから放て」

と豊久が下知した。敵を十分引きつけてから一斉に斉射を加えるというのは、朝鮮陣における泗川の戦いがそうであったように、島津のお家芸ともいえる戦法だった。

敵勢が眼前に迫った。鉄炮が一斉に放たれた。しかし、敵の数が多すぎた。西軍の総崩れをみて、東軍は大将から雑兵までみな、追い討ちをかけて、あわよくば功名を挙げようと猛り立っていた。屍を乗り越えて次々と押し寄せてくる。

結局、鉄炮は一放ちしかできずに、「敵味方入り乱れるにつき、鉄炮用には立たず候」というありさまになった。それでも島津方の兵たちは鉄炮を腰に差したり、細引で背中に背負ったりして突撃態勢に移った［旧記雑録後編三・一三二九号］。

初動の誤算は意外と大きかった。「東兵、義弘の旗本と先鋒の軍とを交へ隔つ」というくらい、先手と本陣が切り離されてしまった［惟新公関原御合戦記］。

幸運だったのは、東軍の多くが笹尾山の石田三成と、天満山の宇喜多秀家の陣所めがけて殺到したことである。『山田晏斎覚書』にも「敵勢は破軍の味方を追い掛かり指し通り候」とある。そのために、島津勢の周辺に一時的ながら、真空状態が生まれたのである。

その間に島津勢は態勢を立て直した。山田有栄は後方に孤立して立っている惟新の「一本杉」の馬標を見つけると、手勢を率いて駆けつけ、わずか数人に守られていた惟新を包み込みながら警固して進んだ。

その決死の行軍の前に、東軍の分厚い壁が破られるか、気圧されて道を開けるかる。猛将の誉れ高い福島正則さえも、死兵を相手にすると火傷するかと察して傍観し、島津勢を見送った。

島津勢は福島勢の手前で向きを左（東）に変えて、本道の北国脇往還に出ると、「エイトウ、エイトウ」とかけ声をあげて走り去った［惟新公関原御合戦記］。

次にぶつかったのは、ほかならぬ家康の本陣備だった。家康はいくさたけなわの頃、最初の本陣である桃配山から本多忠勝の陣所に陣替していたが、勝ちを確信すると、

中山道を不破関方面に前進して、関ヶ原盆地の中央に進出しようとしていた。

島津勢と家康本陣との遭遇を『山田晏斎覚書』は次のように記す。

「然るところに、内府様お備、此方お通りなされ候道筋にうち向ひなされ、お出候条、一大事に見え申し候へども、沢山海道（佐和山街道）のやう（様、方向）お通り候て別条なき次第」［旧記雑録後編三・一二一五号］。

つまり、北国脇往還を北から南下する島津勢と、中山道を東から西の不破関方面に向かう家康本陣とが九〇度の角度で交錯したのである。島津勢は「一大事」にも臆せず、勢いに任せて、疾風の如く、家康本陣の前や後ろをすり抜けた。

そばをすり抜けた正体不明の一団がようやく敵だと気づいて追尾したのが、井伊直政と松平忠吉、本多忠勝だった。その数およそ七〇〇人。騎馬主体の精鋭である。

時間の前後は不明だが、追撃される者とする者との間で断続的に激戦が展開された。

『帖佐彦左衛門宗辰覚書』によれば、島津勢がわずか「五、六拾程」のところに、井伊直政の軍勢が追いついてきた。直政は「黒馬に大総掛けさせ、白糸威の鎧に小銀杏の楯物指したる甲を着」していたという。直政は惟新のすぐ近くまで来て大音声をあげた。

そのとき、惟新の馬廻の川上四郎兵衛の被官、柏木源藤が進み出て鉄炮を放つと、

「大将の胸板上巻かけて打ちすかせば、馬より下にふと落つ」。落馬したのが直政本人だった。大将が負傷したので、井伊勢は追撃を打ち切ってしまった。

徳川勢の損害は直政だけではなかった。本多忠勝も愛馬「三国黒」を撃たれ、松平忠吉も島津勢のために負傷している。

島津勢は「徒鉄炮」と呼ばれるくらい、足軽ではなく武者が鉄砲を放つ。緒戦での斉射から鉄炮を捨てずに温存していたことが、窮地に陥ったとき、大いに役立ったといえよう。

島津勢は北国脇往還が中山道と交差するところから、さらに南下して伊勢街道に入った。しばらく行くと、下り坂になっている烏頭坂がある。ここで敵を防げば、その間に一気に追撃を振り切れる。しんがりを買って出たのは副将格の豊久だった。豊久の父は戦国島津氏の九州制覇に活躍した島津四兄弟の末弟、中務大輔家久である。

豊久の従者はわずか一三人だった。群がる敵に立ち向かい、ついに主従ともども玉砕した。豊久、享年三十一歳だった。

次いで、烏頭坂を下った上野という在所でしんがりとなったのは、惟新の家老、長寿院盛淳だった。盛淳は惟新の陣羽織を身につけていた。これは惟新がかつて豊太閤から拝領したもので、白く大きい鳳凰の縫い取りがあった。

『伊地知増也覚書』によれば、盛淳の最期は次のように壮絶だった。

「家臣長寿院大音声を上げて、嶋津兵庫頭義弘、運尽き腹を切る、日本の諸侍、我が手にかけしなと、後に広言あるべからずと云ふままに、腹十文字に搔(か)き切りて、北枕にぞ臥(たお)れける」〔右同書一三二八号〕。

盛淳は惟新の身代わりとなり、「惟新は自刃したのだから討ち取ったと広言するな」と叫び腹切って果てたのである。「北枕」は敵方に向いて斃(たお)れたことを意味する。

島津方の度重なる捨て身の抗戦に手を焼いて、徳川勢が追撃を諦めたのは、関ヶ原から伊勢街道を一里近く下った牧田のあたりだったと思われる。

「島津の退き口」ルートの検証

島津勢はひたすら伊勢街道を南下しようとしたが、事はそう簡単ではなかった。南宮山や栗原山に布陣して退却に移っていた長宗我部盛親や長束正家の軍勢に前途を塞がれたのである。

惟新は両勢の去就を疑って、家来の伊勢平左衛門を遣わしてその真意を確かめた。

両勢とも退却に精一杯で敵対どころではなかった。なかでも、正家は島津勢が地理不案内であろうと、親切にも嚮導(きょうどう)一騎を付けてくれた。正家は近江水口(みなくち)城主だったから、

家中の者は島津家中よりはるかにこのあたりの地理に詳しかった［惟新公関原御合戦記］。

惟新主従が養老山地の東麓の駒野坂（岐阜県南濃町駒野）に達したのは六つ下（午後七時頃）だった。ここで惟新は進路を急遽変更して、なぜか養老山地の駒野峠越えを選んだ。すでに東軍の追撃を振り切っているから、今さら進路を秘匿する必要もない。比較的平坦な伊勢街道を南下するほうがずっと楽なはずであるのに。

その理由を推定すると、駒野の先には高須城があることと無関係ではないだろう。この城は東軍方の徳永寿昌が在番していた。惟新はこの城兵に前途を塞がれることを恐れたのではないだろうか。また伊勢街道をさらに南下すると、伊勢長島がある。長島城主はこれまた東軍方の福島正頼（正則の弟）だった。いずれにせよ、東軍が待ち構える網の中に好き好んで飛び込むのは愚の骨頂という判断だったと思われる。

ところで、筆者は数年前、「島津の退き口」といわれるルートを踏破した経験がある。惟新の菩提寺、妙円寺（現・徳重神社）のある鹿児島県伊集院町では、「知新会」（関ヶ原戦跡踏破実行委員会）という団体が一九六〇年（昭和三十五年）からじつに四〇年間にわたり、中高生を中心に毎年、踏破隊を組織している。関ヶ原の島津惟新の陣所跡をスタートして大阪城まで一二〇キロを三泊四日かけて歩くのである。筆者

も取材を兼ねて同行した。

そのときの経験でいわせてもらえば、養老山地の駒野峠越えは、標高はそれほどではないものの、息も絶え絶えになるほどだった。蝮よけの脛当を着けての踏破は、惟新主従に倣ったわけではないだろうが、休憩なしで二時間近く登りっぱなしだった。途中には鉄砲水の通路かと思わせる瓦礫の道や狭い尾根道、崖道もあるという難所ばかりだった。

九月十五日、惟新主従が駒野峠に登りついたのは、『大重平六覚書』によれば、「夜入四ツ時分」(午後一〇時頃)だったという。

さすがの惟新も高齢のため疲労困憊したのか、家来たちに具足を脱ぎ捨てるように命じたが、誰も命令を聞かなかった。道具衆(足軽)の横山休内が野原に打ち捨てるのはもったいないと拝領を願い出て許された[旧記雑録後編三・一三六一号]。

小具足だけと身軽になった惟新は花色の木綿合羽を着け、同色の木綿の手拭いで髪を包むといういでたちとなった。またこの前後、「一本杉」の馬標も目立つので切り折っている[右同書一三五二号]。

長束正家が付けてくれた嚮導一騎はこの駒野峠越えまで同道しており、明け方に惟新主従と別れている。峠を越えた惟新主従は養老山地の反対側の西麓に達した。それ

がどこなのか、『旧記雑録後編三』所収の覚書・書上などでもよくわからない。推定するに、三重県の県北、北勢町田辺あたりと思われる。

問題は、ここからの惟新主従の進路である。筆者が同行した踏破隊はここから伊勢路を南下せずに近江方面に向かった。すなわち、多良から時山（ともに岐阜県上石津町）を経て、近江との国境の五僧峠（別称、島津越え）の難所を越えて高宮宿（滋賀県多賀町）に出るルートである。

これも実際に歩いてみて、駒野峠に劣らぬ難所だった。同行した踏破隊の指導者窪田廣治氏の話では、過去の踏破時には台風のために山道がなくなっていたこともあったという。

山を下りた高宮は石田三成の居城佐和山から南東に二里ほどしか離れていない。これが現在では「島津の退き口」ルートの通説になっている。たとえば、池宮彰一郎氏の小説『島津奔る』もこの説を採用しているし、また山本博文氏『島津義弘の賭け』に添付された退き口経路も、関ヶ原→高宮→水口というルートになっている。さらに山本氏の同書には次のような記述さえある。

「一行は伊勢方面をめざして進み、鈴鹿峠を越え、合戦当日（十五日）夜の六つ時分（午後六時ごろ）におそらくは伊勢の関についた。そこから駒野の坂へ向かい、四つ

第三部　決戦関ヶ原

時分（午後十時ごろ）に駒野峠にいたった」（二五三頁）。

山本氏の主張するルートは大きな矛盾に満ちている。いったん近江高宮に出てから伊勢方面をめざし、水口→鈴鹿峠→関→駒野峠というルートをたどったら関ヶ原に戻ってしまい、とても薩摩には帰れそうもない。それとも伊勢の関（関地蔵）より南方もしくは西方に、別の駒野峠があるのだろうか。仮にそうだとしたら、午後二時頃に関ヶ原の戦場を離脱した島津勢が関ヶ原から近江路を迂回して、この「駒野峠」に到着できるとはとても思えない。山本氏の同書は島津惟新の優れた伝記であるが、「退き口」に関してだけはいただけない。

島津方の根本史料『旧記雑録後編三』によるかぎり、惟新主従が近江方面に突出して高宮に出たとはどうしても思えない。また高宮経由説がおかしいと思うのは、石田三成の居城である佐和山に好き好んで近づくはずがないということである。惟新主従が高宮を通過したとすれば、翌十六日になる。主のいない佐和山城が東軍の総攻撃にさらされている真っ最中である。惟新主従はそのようなリスクを当然回避したと思われる。

にもかかわらず、なぜこのような成立しがたい通説がまかり通るかといえば、ひと

つには、多良→時山→五僧峠→高宮というルートには島津氏と縁のある伝承や地名が残されていることと無縁ではない。

たとえば、多良にある瑠璃光寺には、烏頭坂で討死したとされる島津豊久の墓地と位牌があり、瀕死の重傷を負った豊久が当寺で息絶えたと伝えられている。また国境の五僧峠は別名「島津越え」と呼ばれていて、いかにも惟新主従の逃避行と関係があるようにみえる。

また管見のかぎりでは、多良から五僧峠を通過した典拠と思われるのが、江戸中期に島津氏の家臣得能通昭が著した『西藩野史』であり、次のように記されている〔巻之二十四〕。

「敵を破りて伊勢路に至らば、後の憂ひなからん、ここにおいて東軍を破り、牧田より土岐多羅山に向ひ退く」

「土岐多羅山」とは、すでにみた「時山」や「多良」のことであろう。同書では「土岐多羅山」から先が中抜けで省略されているが、地理的にみて、近江路へ出たことを暗示していよう。

しかし、同書には別の箇所にも退き口の経路が記されているが、かなりでたらめな内容で、信用するに足りない。やはり、同書よりも先に成立した『旧記雑録後編三』

245 　第三部　決戦関ヶ原

島津の退き口

通説のルート

関ヶ原 9/15発
長浜
山東
関ヶ原
牧田
大垣
岐阜県
琵琶湖
米原
彦根
養老
木曽川
霊仙山
上多良
佐和山城
時山
高宮
多賀
五僧峠
(島津越え)
駒野峠
駒野
南濃
揖斐川
能登川
藤原
田辺
9/15宿泊か
五個荘
愛知川
御池岳
滋賀県
八日市
竜ヶ岳
愛地川
北勢
鈴鹿山脈
員弁川
桑名
御在所山
菰野
朝明川
日野
Aルート
四日市
水口
土山
仙ヶ岳
三重県
鈴鹿川
大坂へ
信楽
9/16夜着
反転
(Bルート)
甲賀
鈴鹿峠
関
亀山
鈴鹿
伊勢湾
阿山
伊賀
Bルート
芸濃
楠原
上野城
大山田
上野
津

N
0　　5Km

たとえば、『桐野掃部助覚書抜書』には「明くるの十六日には伊勢路の様（方向）にお供申し候」とある。つまり、駒野峠越えののち、夜が明けてから「伊勢路」をめざしたことになる。

また何度か引用した『大重平六覚書』にも駒野峠越えののち、「伊勢路をば心ざしお除きなされ候」とか、「それより伊勢・近江・伊賀お通りに候、伊賀のしからき（信楽）と申すところに一宿なされ候」とある。この通過順序が重要である。これに従うなら、近江高宮を経由することはありえない。

二次的な編纂物だが『義弘公御譜』にも「すでに伊勢徑路を過ぎ、近江州に到る、日未だ西山に傾かず、水口城辺に過ぐるを得ず、山中に忍び隠れて、日没を待つ、（中略）伊賀へ到りて一宿」とあり、「伊勢徑路」から（鈴鹿峠を越えて）「近江州」にいるルートを選んでいることがわかる。

『旧記雑録後編三』所収の史料群によれば、十六日夜、惟新主従が「伊賀の内しから き」に宿泊したのは確実である。ただし、これは伊賀ではなく、近江国甲賀郡信楽の間違いであろう。

じつは伊勢路からどのようなルートで信楽に達したのか、諸史料が錯綜して矛盾し

ていたり、記述の省略があったりして判然としない。あえて整理すれば、次の二つのルートが浮かび上がる。

A・関地蔵→鈴鹿越え→土山→水口→信楽［惟新公関原御合戦記・大重平六覚書］

B・関地蔵→水口あたり（反転）→楠原→大山→信楽［神戸久五郎覚書・新納忠元勲功記］

なぜ二つのルートの違いが生じたかといえば、Aでは水口に関所が設けられていたのを強行突破したとし、Bでは京都方面に出ようとしたら、すでに東軍が先んじていたという噂があったので反転したという点が異なる。

Bの場合、楠原は現在の三重県芸濃町（げいのう）（関町の南）にある同名の地名に比定されるが、ここからだと加太越え（かぶと）で伊賀に入ることになる。大山は加太越えの先、阿山（あやま）（現・阿山町）に比定できるかもしれない。あるいは大山田村であろうか。Bなら、前途にある東軍方の伊賀上野城（城主、筒井定次（つついさだつぐ））を避けて迂回し信楽に向かった可能性がある。

進路選択の合理性からいえば、Aに軍配が上がる。

惟新主従がとった進路がAかBのどちらかだったとしても、一方で五僧峠が「島津越え」と呼ばれて高宮経由説が有力視されていることとの矛盾を説明できなければ、自説の信用性に欠ける。

じつは、退き口のとき、敵味方入り乱れた乱戦になったので、惟新の本隊からはぐれた者が相当数存在した。『新納旅庵譜』によれば、喜入摂津守・入来院又六・本田助六・同勝吉・押川江兵衛・同喜左衛門・五代含人以下「士卒殆ど三百ばかり」が「伊吹嶽の麓」にたむろしていたら、長宗我部盛親の使番がやってきて、惟新主従が伊勢路をすでに退去したと知らせてくれた。これにより、退去に猶予がないとして、「指南」（道案内の意か）を求めて「北近江路を経て、同十八日鞍馬に到る」とある［旧記雑録後編三・一二六〇号］。

引用中の「北近江路」こそ時山から五僧峠を越えて高宮に出るルートであろう。つまり、三〇〇人前後という少なくない人数が北近江路を越えたことになる。彼らこそ「島津越え」という名称を生んだ者たちだったのではないか。

さて、信楽で一泊したあとの惟新主従の進路だが、これもよくわからない。『大重平六覚書』によれば、「大和・河内・和泉をお通りなされ、平野より堺の住吉は一里なり」とあり、大和盆地を通過して、十七日夜には摂津平野に達している［右同書一四〇八号］。

また『桐野掃部助覚書抜書』は日付が不正確だが、「伊賀国川はた」を通り、山城と大和の国境と思われる「和城の国かきか越」（笠置山か）をしたとある［右同書一四

第三部　決戦関ヶ原

○一号」。

　この道中も艱難辛苦の連続だった。敵に前途を塞がれたり追われたりした。『帖佐彦左衛門覚書』によれば、兵糧不足に苦しみ、惟新さえも「雑穀の糘飯を召し上」ったり、「或は御無飯」だったりした。惟新も追われる身なので変装もした。「古き木綿の道服に上よりお帯を結び給ふ、破れ菅笠の凹成をめさせ、下人の男にお姿をにせ給ひ」というみすぼらしさだったという。

　十九日夜、平野から住吉に潜行した惟新主従はかねて懇意の商人田辺屋道与（棚屋道誉）に匿ってもらい、さらに二十日夜、堺商人の塩屋孫右衛門宅に潜んだ。そして二十二日朝、堺から船で大坂に向かい、大坂城内に人質になっていた惟新夫人広瀬氏と嫡子忠恒夫人（島津義久三女）を取り戻して一路、国許へと出帆した。

　その後の旅程も決して平穏ではなかった。豊後森江では黒田如水の軍船に襲撃されて船合戦になり、伊集院久朝・有川貞春・比志島国家など三八人が討死した。そのため、日向細島に入港したのが二十九日。陸路で国許に向かう途中、今度は永年の宿敵だった伊東氏の旧臣稲津祐信らが黒田如水と結んで惟新主従の前途を遮った。主従は霧島越えで迂回して、ようやく兄龍伯（義久）の居城、大隅富隈に入城した。

　これが十月三日で、関ヶ原の敗戦からじつに一八日目のことだった。関ヶ原から惟

新に従った生存者はわずか八〇人ほど。じつに惨憺たる逃避行だった。

余談になるが、惟新と兄龍伯との対面が面白い。『義久公御譜』によれば、龍伯が「慶賀に達せず、而して艴然として悦ばず」とある。「艴然」とはムッとして怒ることである。さらに龍伯は「今石田氏の暴に随ふは、実に一口両舌の誡め」であり、「士たる者の恥たる所以なり」とまで断じている［右同書二一八七号］。

龍伯は弟が言いつけに従わずに西軍についたことが気に食わなかった。これには釈明したい点が多々あった惟新だが、ただ恐懼するほかなかった。

参考文献

【史料】

『古文書集』三（早稲田大学蔵資料影印叢書、滝沢武雄編集、早稲田大学出版部）

『徳川家康文書の研究』中巻（中村孝也、日本学術振興会）

『浅野家文書』（大日本古文書家わけ第二、東京帝国大学編纂・発行）

『高山公実録』上下巻（上野市古文献刊行会編、清文堂出版）

『慶長記』（戦国史料叢書6『家康史料集』、人物往来社）

『綿考輯録』第二巻（石田晴男ほか編、汲古書院）

『細川忠興軍功記』（『続群書類従』第二十輯下、続群書類従完成会）

『加賀藩史料』第一編（前田育徳会、清文堂出版）

『加賀藩史稿』（前田侯爵家蔵）

『当代記』《『史籍雑纂』第二所収、国書刊行会編纂、続群書類従完成会》

『義演准后日記』第二（史料纂集、続群書類従完成会）

『関原軍記大成』一～四（宮川尚古、国史研究会）

『米澤市史』(登坂又蔵編輯、米澤市役所、一九四四)

『米沢市史』第二巻・近世編1(米沢市史編さん委員会、一九九一)

『上杉家御年譜』三(米沢温故会編纂、原書房)

『関ヶ原合戦史料集』(藤井治左衛門、新人物往来社、一九七九)

『新潟県史』通史編・中世(新潟県編集・発行)

『真田家文書』上巻(米山一政編、長野市)

『関原合戦図志』(神谷道一、一八九二)

『備前軍記』(『吉備群書集成』所収、田中誠一編纂、吉備群書集成刊行会)

『毛利家文書』(大日本古文書家わけ第八、東京帝国大学)

『吉川家文書』(大日本古文書家わけ第九、東京帝国大学)

『関原陣輯録』(『毛利史料集』所収、戦国史料叢書9、人物往来社)

『萩藩閥閲録』第一〜一三巻・遺漏(山口県文書館編修・発行)

『早島の歴史』3・史料編(早島町史編集委員会編、早島町)

『山口県史』史料編・近世1上(山口県編集・発行)

『舜旧記』第一(史料纂集、続群書類従完成会)

『新訂寛政重修諸家譜』(続群書類従完成会)

参考文献

『伊達治家記録』二(仙台藩史料大成、平重道責任編集、宝文堂)
『伊達政宗卿伝記史料』(藩祖伊達政宗公顕彰会、文献出版)
『東照宮御実紀』『台徳院殿御実紀』『徳川実紀』第一・二篇、吉川弘文館)
『新訂黒田家譜』第一巻(川添昭二校訂、文献出版)
『山形県史』第二巻・近世編上(山形県編)
『最上義光物語』下(『続群書類従』第二十二輯上、続群書類従完成会)
『定本名将言行録』上(岡谷繁実、人物往来社)
『鹿児島県史料 旧記雑録後編三』(鹿児島県維新史料編さん所編、鹿児島県)
『惟新公関原御合戦記』(『島津史料集』戦国史料叢書、人物往来社)
『関原始末記』(『改訂史籍集覧』第二十六冊、近藤活版所)
『西藩野史』(『新薩藩叢書』二、薩藩叢書刊行会編、歴史図書社)
『太田和泉守記』(太田牛一、蓬左文庫所蔵)
『岡山県古文書集』第三輯(藤井駿・水野恭一郎編、思文閣出版)

【研究書・概説書】

北島万次『豊臣政権の対外認識と朝鮮侵略』(校倉書房、一九九〇)

渡辺世祐監修『毛利輝元卿伝』(三卿伝編纂所編、マツノ書店、一九九九)

木村徳衛『直江兼続伝』(私家版複製、一九六九)

桑田忠親『石田三成』(講談社文庫、一九八二)

今井林太郎『石田三成』(新装版、人物叢書、吉川弘文館、一九八八)

二木謙一『関ヶ原合戦』(中公新書、中央公論社、一九八二)

笠谷和比古『関ヶ原合戦』(講談社選書メチエ、一九九四)

白川亨『石田三成の生涯』(新人物往来社、一九九五)

山本博文『幕藩制の成立と近世の国制』(校倉書房、一九九〇)

山本博文『島津義弘の賭け』(読売新聞社、一九九七)

【論文・研究発表】

阿部勝則「豊臣五大老・五奉行についての一考察」(『史苑』一四二号、一九八九)

堀越祐一「豊臣『五大老』『五奉行』についての再検討」(戦国史研究会第二三三回例会報告、一九九九)

内田九州男「関ヶ原合戦前夜—秀吉死後の諸大名の動静—」(『別冊歴史読本　石田三成』、新人物往来社、一九八九年一二月号)

宮本義己「"直江状"の信憑性」（『歴史読本』一九九八年八月号、新人物往来社）

池田公一「大谷刑部と前田利長」（花ヶ前盛明編『大谷刑部のすべて』所収、新人物往来社、二〇〇〇）

藤井譲治「徳川秀忠――"後方平定"任務であった真田攻め――」（歴史群像シリーズ・戦国セレクション『決戦関ヶ原』、学習研究社、二〇〇〇）

煎本増夫「徳川氏の関東入国」（『江戸幕府と譜代藩』、雄山閣出版、一九九六）

橋場明「大垣城水攻めは可能だったか？」（歴史群像シリーズ・戦国セレクション『決戦関ヶ原』、学習研究社、二〇〇〇）

寺尾克成「宇喜多秀家――関ヶ原合戦時の秀家の動向――」（『歴史読本』二〇〇〇年三月号、新人物往来社）

付録 関ヶ原合戦戦跡ガイド

● 大垣市周辺 ●

大垣城（郭町） 西軍の拠点になった城。城の東北を流れる合渡川（墨俣川上流）で東西両軍が衝突したのが、慶長五年八月二十三日。西軍の舞兵庫らを破った東軍は、杭瀬川を越えて大垣城西北の赤坂に陣をしき、小競り合いに敗れた西軍は、岐阜・大垣間に散開していた諸隊を集結し、この城に籠った。

当時の城主は伊藤盛正で、前年に家督を継いだばかり。去就を疑われたのか、西軍の大軍に圧倒されたかしたのだろう、石田三成らに城を明け渡し（八月二十日）、自分は一時城外に滞陣していたが、そのうち、松尾山新城に入る。しかし、ここでも小早川秀秋に追い払われて、その後笹尾山に陣したという。戦後、三万四〇〇〇石の所領を没収された、なんとも不運な城主だった。

九月一四日の深夜、西軍主力は城を脱出、雨中を関ヶ原へと向かう。七〇〇〇余の兵とともに城を守ったのが福原長堯（この人は三成の娘婿）。翌日、東軍・水野勝成に攻められたものの抗戦し、開城したのは二十三日。徳川家康の開城勧告を受け入れた守将・福原は自刃した。

慶長時代の大垣城は、当時では珍しい四層四階の天守をいただく壮麗な城だったら

付録 関ヶ原合戦戦跡ガイド

大垣市周辺

西軍の拠点となった大垣城。

しいが実態は不明（元和八年、松平忠良時代に四層になったとする説もある）。その後、幾度か改築・修理され、幕末まで存在した。しかし、明治初年の版籍奉還後、天守と隅櫓（艮櫓）だけを残して取り壊され、さらに太平洋

戦争で戦火により焼失（昭和二十年）。現在の四層の天守閣は昭和三十四年に再建されたもの。

勝山（赤坂町） 大垣城の北西、JR美濃赤坂駅の間近にある小山（標高五二メートル）で、家康が本陣をおいた。当時は岡山と呼ばれていたが、戦勝後、勝山と名を改めたと伝わる。また、家康は合戦時同道していた愛妾・於八の名も於勝と改名させている。

合戦前日まで、この周辺にはおびただしい数の東軍が陣所を構え、眼下の大垣城とその近辺に布陣した西軍と対峙していた。

安楽寺は元は山上にあったそうで、戦後、家康から葵の定紋の使用を許可された。中腹に移転したのは江戸時代末期。寺内に赤穂城受け取りの正使を務めた大垣藩の家老・戸田権左衛門の墓がある。

甲塚（赤坂西町） 勝山の西北、かつて私鉄の引き込み線があった近くにある。ここは関ヶ原合戦の戦死者を葬った塚と伝わる。

●垂井町周辺●

浅野幸長陣跡（垂井） 垂井駅の西約二キロの旧国道21号線（旧中山道）沿いにある。

江戸時代に造られた一里塚が残っているのでわかりやすい。

幸長は池田輝政、山内一豊、有馬豊氏らとともに、南宮山東の山腹から麓にかけて布陣した西軍の吉川広家らの攻撃に備え、この一里塚を中心に陣を構えた。山内・有馬隊はここから西約一キロの街道上に、池田隊は東南二キロ足らずのところにいたはずだが、碑は立てられていない。

南宮大社（宮代）
南宮大社の南に吉川はじめ長束正家、安国寺恵瓊、長曽我部盛親らがいたが、結局のところ、最前線に布陣した広家が家康に内通して軍兵を動かさなかったため、浅野隊と長束隊の間

に小競り合いがあっただけで、彼らは戦うことなく戦場から逃走している。

しかし、災難に遭ったのが美濃国の一宮、南宮大社だ。すぐ後方の山腹に広家らがいたために、どちらの軍勢が火を放ったかは不明だが、社殿すべてを焼失。もしすると、ここでも小競り合いがあったのかもしれない。また、寺社の堂宇は、軍勢が入り込めばたちどころに砦に変身する。それを恐れてのこともあるだろう。

社伝によれば、神武天皇即位の年の創建とあり、祭神は金山彦命。それゆえ鉱業関係者の崇敬を集めている。寛永十九年（一六四二）徳川家光により再建され、朱塗りの本殿をはじめ、摂社、楼門など、「南宮造」と称される殿舎は江戸時代の遺構を伝え、国の重要文化財に指定されている。また、祭神が金属の神であることから、刀剣、鉄器類が多く、太刀二口、奈良時代の鉾二口が重要文化財に指定されている。

毛利秀元陣跡（南宮大社南の山上）　南宮大社裏手のため池付近から登り、標高四〇四メートルの地点まで登り詰めると、秀元（輝元の養子、元就の孫）陣跡に出る。ここはハイキングコースになっており、休息用の東屋もある。

秀元は広家が家康に内通し、会戦前日の九月十四日にも人質と戦闘不参加の誓書を黒田長政に差し出していることを知らなかった。合図の狼煙が上がったにもかかわらず動かぬ広家のために、秀元も動けない。戦闘参加を催促してきた長束の使者に対し

付録 関ヶ原合戦戦跡ガイド

垂井の一里塚。この周辺に浅野隊が布陣した。

戦火に遭った南宮大社。

て、秀元は「ただいま、兵卒に兵糧を使わしている」と、まるで子供だましのような言い訳の返事をしている。家康との決戦に積極的だった秀元だけに、広家の行為は理解できなかったに違いない。

真禅院(宮代) 南宮大社の別当寺。この寺も関ヶ原合戦の兵火で焼失したが、南宮大社同様、寛永年間に再建された。奈良時代に作られた鐘が国の重要文化財になっている。

● 関ヶ原町周辺 ●

桃配山・徳川家康最初の陣跡(野上) 垂井から関ヶ原に入る臨路にある。北側が国道21号線に削り取られているが、大きな看板があるのですぐ目につく。九月十五日朝、家康が本陣をおいたところ。ここから西軍主力が陣を構えている地点まではほぼ四キロ。当日の朝は小雨が降り、山間の霧が深かったが、時折、霧が晴れ、合間からわずかに西軍諸将の旗が見えたという。

桃配山は、壬申の乱(天武元年=六七二)のとき、大海人皇子(天武天皇)が本拠にしたところだ。この戦いで、大海人皇子は兄天智天皇の後継者、大友皇子を破り皇位についた。いってみれば縁起のいい場所である。戦略上の重要地であることはもちろんだが、案外に、家康は縁起をかつぎ、内心ほくそえんでいたのかもしれない。国史跡に指定されている。

丸山狼煙場・黒田長政陣跡(丸山) 長政が陣をしき、戦いの狼煙をあげたところ。こ

付録 関ヶ原合戦戦跡ガイド

桃配山の家康最初の陣地。

丸山の狼煙場下にある黒田・竹中隊の陣跡。

こから三成の陣跡までは一キロ余しかない。互いの前衛同士は霧の中で顔をくっつけるようにして対峙していたことになる。両隊の戦闘もすさまじく、迂回した長政の鉄砲隊の活躍で三成配下の島左近が負傷し、戦線を離脱している。

本多忠勝陣跡（公門）十九女池の西、県道南濃・関ヶ原線の北側にある。軍監役の忠

勝は、前線からかなり後方にいた。戦い終盤、秀忠から拝領した駿馬に乗り、島津隊を追撃、九〇あまりの首級をあげている。合戦図屏風（関ヶ原町歴史民俗資料館ほか蔵）では敵の銃弾が拝領馬に当たり、たまらず落馬したシーンが描かれているのが、

付録 関ヶ原合戦戦跡ガイド

奥平貞治墓
北国街道
伊吹山ドライブウェイ
笹尾山トンネル
笹尾山
石田三成陣地跡
関ヶ原歴史民俗資料館
最後の決戦地
関ヶ原ウォーランド
島津義弘陣跡
池寺池
藤古川
小西行長陣跡
家康最後の陣跡
東首塚
せきがはら
開戦地
天満山
田中吉政陣跡
大谷吉継墓
宇喜多秀家陣跡
大谷吉継陣跡
平塚為広陣跡
西首塚
福島正則陣跡
藤堂高虎
京極高知陣跡
不破関跡
常盤御前墓
不破関資料館
名神高速道路
黒血川
脇坂安治陣跡
松尾山新城
小早川秀秋陣跡

闘将・忠勝にはなんともお気の毒。

東首塚（関ヶ原） 旧365号線が東海道線を越えた右手の朱塗りの門の中にある。このあたりは井伊直政と松平忠吉が最初に布陣した場所で、首塚のかたわらに陣跡の碑戦後、家康が首実検ののち首を埋葬したところで、竹中重門に作らせたと伝わる。と首を洗ったと伝わる井戸がある。

開戦のきっかけを作ったのは、直政と忠吉だ。ふたりの隊は「物見」とばかり福島隊の前に出て、いきなり鉄砲をぶっ放したのだった。これにいきり立った正則が自分の鉄砲隊に発砲を命じたという。直政にしてみれば、天下取りの戦いの火蓋を切るのは、徳川軍でなければならない、と深く思ってのこと。家康も同じ考えだったろう。

西首塚（西町） 東首塚同様に、戦死者の首を埋葬した場所。国道21号線沿い、梨の木川のそばにあり、前に観音堂がある。

田中吉政陣跡（関ヶ原） 吉政は三成と同じ近江の人。決戦翌々日の三成の居城・佐和山城攻めに参加。また、戦場から逃亡した三成を吉政配下の兵が捕らえたため、その功績によって筑後柳川城主に栄進した。

家康最後の陣跡（陣場野） 現在は陣場野公園になっているが、家康の床几場が置かれた場所。戦闘開始からほぼ二時間経過した午前一〇時頃、いらだった家康はここに

付録 関ヶ原合戦戦跡ガイド

家康最後の陣跡。土壇が首実検をした場所。

本多忠勝の陣跡。

本陣を移動し、指揮をとった。未だ勝敗はどちらに転ぶかわからないときだ。果たして家康の心中はどうであったろうか。戦後、家康はここで討ち取られた西軍将士の首実検をおこなった。土壇は天保十二年（一八四一）に竹中氏が幕命によって作った。

この戦いの戦死者は、四〇〇〇人から三万二〇〇〇人と諸書によってまちまちだが、

いずれにしろ、一日の戦死者は日本史上最大である。木立の中に足を踏み入れると、心なしか身が引き締まるのはそのためだろうか。

最後の決戦地（小池） 国道から少し入った北小学校の南にあり、三成の陣跡までは三〇〇メートルぐらい。東軍からの集中攻撃を受けた石田隊は最後まで踏ん張ったものの、僚軍が壊走しはじめるとさすがに浮き足立ち、遁走する兵があとをたたなかった。

石田三成陣跡（笹尾） 三成の陣は北国街道をおさえる笹尾山周辺に作られた。正面に竹矢来の柵を二重に結い回し、ひそかに大筒（大砲）を五門（あるいは三門）据えつけていた。

孤軍奮闘する石田隊は三成自身が陣頭に立って奮戦した。

しかし、吉川らや、小早川秀秋も動きをみせないことを知った時点で、三成は敗戦を覚悟したことだろう。負傷した島左近の姿が消え、秀秋の裏切り後、怒濤の攻撃を仕掛けてくる東軍に、蒲生郷舎が討ち取られた午後二時頃、わずかな近臣とともに戦場を離脱、伊吹山山中へと分け入っていった。

島津義弘陣跡（小池） 三成の陣からほぼ南五〇〇メートルの地点にある。島津隊は攻撃をしてくる東軍井伊・本多隊に対して防戦するものの、敵中には出ていかない。

三成の援兵要請をも断った島津隊は、最後になって動きだす。有名な敵中突破「島

271 付録 関ヶ原合戦戦跡ガイド

笹尾山から見た古戦場。

上・島津義弘の陣跡。
左・笹尾山の石田三成陣跡。

津の退き口」だ。喊声をあげ突進してくるのを見て、東軍の将士はあっけにとられ、

道を開けた。島津隊は、家康の本陣の鼻先をかすめるようにして伊勢街道を南下、午後三時頃関ヶ原を抜けていったのだった。

小西行長陣跡（天満）　北天満山（標高一九七メートル）の杉木立の中にある。商人あがりの武将と軽んじられていたが、寺沢ら東軍七隊の猛攻をよく防ぎ、耐えに耐えた。

しかし、秀秋の背反後は家康の旗本も出撃しはじめ、一段と強い圧力を受けて支えきれず、将士たちは我先に逃亡。行長も伊吹山をさして逃げていった。

宇喜多秀家陣跡（天満）　南天満山（一九八メートル）の木立の中にある。宇喜多隊の陣は五段に構えていたという。宇喜多隊に襲いかかったのは福島正則。両隊は最初に鉄砲隊同士が撃ち合い、白兵戦に移ってからは、何度も押され押し返す激闘を続けた。この様子は『関ヶ原合戦図屏風』につぶさに描かれている。しかし、死闘も秀秋の寝返りで終止符が打たれる。秀秋の寝返りによって、脇坂ら松尾山の裾野に展開していた隊も雪崩をうって背反したからだ。

柵を突き破られ壊滅状態に陥った宇喜多隊は、壊走を始める。秀家は「秀秋と刺し違える」と息巻いたが、家臣の明石全登に諫められ、数騎を従えて伊吹山方向へ敗走していった。あとに残った全登は残兵を全滅させたものの、運良く命ながらえた。

南天満山の宇喜多秀家の陣跡。

上右・北天満山の小西行長陣跡。
上左・開戦地の碑。

た、宇喜多隊の中に宮本武蔵がいたと伝わっている。果たして、どのようにして逃げおおせたのであろうか。

福島正則陣跡（松尾）　正則は三成への怒り恨みを晴らすために家康に味方した。そ れを知っている家康は、正則に対ししきりに手紙を書き、協力を万全のものにしたのだ。

正則の陣は旧東海道沿い、現在、春日神社があるあたりだった。家康の望みどおり、正則は奮迅の働きをする。みずから鉄砲隊を引き連れ、中山道を越えて西北の宇喜多隊を攻撃、馬上で配下の将卒を叱咤して止まなかった。

大谷吉継墓（山中）　標高一八〇メートル余の小高い山の上に立つ。業病に罹った吉継は、目の見えぬまま指揮をとり、自刃。墓は強敵藤堂氏によって立てられた。

大谷吉継陣跡（山中）　墓から三〇〇メートルほど下ったところにある。吉継は関ヶ原に進出して以来、動いていない。おそらく陣地の構築に当たっていたのだろう。

秀秋の動向を疑っていた吉継は、脇坂・朽木・小川・赤座らを裏切りに備えて待機させていた。しかし、彼らは秀秋の背反に呼応して大谷隊に襲いかかったのである。

吉継は、腹十文字にかき切って自害。このとき、秀秋の陣に向かい「人面獣心なり。三年のうちに祟りをなさん」と、叫んだという。

275 付録 関ヶ原合戦戦跡ガイド

福島正則の陣跡。

大谷吉継(吉隆)の墓。

平塚為広陣跡（山中） 吉継の陣跡より二〇〇メートル下の山裾にある。吉継配下の為広は、一時は小早川隊を敗走させたが、脇坂らや藤堂隊、さらに勢いを盛り返した小早川隊に押され、吉継に辞世の歌一首を届けさせたのち、敵陣に突入し、戦死した。

藤堂高虎・京極高知陣跡（柴井） 西首塚の西一五〇メートルくらいのところにある。開戦前は藤堂隊の前にいた福島隊が北にそれ宇喜多隊に突入したため、藤堂・京極らは吉継の軍と戦うことになった。不治の病にかかり、輿に乗って出陣した吉継が指揮する大谷隊は手強く、切り崩すまでにはいたらなかった。突破口になったのが秀秋と脇坂らの裏切りであった。

脇坂安治陣跡（松尾） 松尾山の麓、名神高速道路の脇にある。安治は会津討伐軍に合流しようとしているうちに、上方で西軍に巻き込まれた。もともと三成に与するつもりはなかったのだ。高虎と約束していたらしく、秀秋の参戦をとらえて大谷隊に突撃していった。

小早川秀秋陣跡（松尾山） 標高二九三メートルの松尾山山頂にある。秀秋がここに陣を構えたのは、大会戦の前日。西軍は破壊されていた松尾山の城を修築していたらしく、秀秋の軍勢は、入城していた伊藤盛正を追い払い、布陣したのだった。

秀秋は悩みに悩んでいたのだろうか。開戦後四時間経過したのに動かない。こらえ

277 付録 関ヶ原合戦戦跡ガイド

松尾山から見た関ヶ原古戦場。左の山が天満山。

小早川秀秋の陣跡。

藤堂・京極隊の陣跡。

きれなくなった家康から鉄砲を撃ち込まれて、ようやく決心した。正午頃のことだ。秀秋の裏切りよって西軍が壊滅することになったのはご承知のとおり。

島津豊久墓（上石津町牧田）　国道356号線を進み上石津町に入ってすぐにある。関ヶ原を抜け出た島津隊は井伊・本多・福島らの猛追を受け、豊久も戦死する。豊久の墓は牧田のほかに、ここから約一〇キロ南に下った上多良尾の瑠璃光寺にもある。

奥平貞治墓（玉東部）　家康から秀秋につけられていた武将で、山中村で戦死した。

*

関ヶ原町歴史民俗資料館（陣場野）　陣場野公園の東にある。町内から出土した考古品、宿場、関ヶ原合戦などの資料を展示している。関ヶ原合戦関係では、『関ヶ原合戦図屏風』ほか、家康、三成の複製兜、当時の火縄銃、陣跡から出土した鏃などがあり、模型による合戦の説明装置もある。

月曜・祝日と年末年始は休館。

関ヶ原ウォーランド（池寺）　関ヶ原合戦の模様を人形などで再現している。

真説 関ヶ原合戦

桐野作人

学研M文庫

平成12年　2000年9月13日　初版発行

●

発行者 ── 太田雅男
発行所 ── 株式会社学習研究社
　　　　　東京都大田区上池台4-40-5　〒145-8502
　　　　　電話／03-3726-8111

© GAKKEN

印刷・製本 ── 中央精版印刷株式会社
© Sakujin Kirino　2000 Printed in Japan

落丁・乱丁本はお取り替えいたします。
定価はカバーに明記してあります。

R-き-2-1　　　　　　　　　ISBN4-05-901005-7